目次

サンティアゴ巡礼路を歩く旅へのお誘い（旅行案内に添えた案内文）

～まえがきに代えて～

今年の十月十二日から二十四日までのサンティアゴ巡礼の旅へのお誘いです。スペイン西部の町サンティアゴ・デ・コンポステーラにある大聖堂には、イエス・キリストが選んだ十二使徒の一人で最初に殉教した聖ヤコボの墓があり、九世紀から巡礼地として世界中から数知れない人たちが訪れた聖地です。そこを目指して歩くルートがいくつかあり、一年を通じて巡礼者が絶えません。私たちも多くの巡礼者の一人として、この聖地を徒歩で訪れることにします。

徒歩巡礼を始める前にブルゴスとレオンを、巡礼を終えた後にフィステーラ岬を訪れます。ブルゴスとレオンは巡礼路の町でもあり、壮麗な大聖堂を持つ歴史ある町です。フィステーラ岬は地の果てという意味の場所であり、本当の意味での巡礼路の終着点です。

言うまでもなく、この旅のメインは巡礼路を歩くことです。けれども巡礼路を歩くこと、クレデンシャル（巡礼証明書）をもらうための最低条件である百キロメートルを歩くことが目的ではありません。目的は、この巡礼を通して自分が変わること、巡礼によって自分が変えられることです。

人が変わるためには、出会いが必要です。巡礼の旅においては、巡礼路との出会い、人との出会い、神との出会い、そして自分との出会いとが待っています。また、それは三次元（場所や人）の出会いであるだけではなく、四次元（時間）の出会い、つまり時をたどる出会いでもあります。

過去との出会い：巡礼路は九世紀から数えきれない人々が通った道であり、その人々の汗と涙と祈りと、時には途上で落とされた命がしみ込んだ道です。

今との出会い：巡礼路を共に歩く人たちとの出会いがあります。同じ巡礼団の仲間たちだけでなく、途上あるいは訪れる街や宿やバルでの出会いがあります。

未来との出会い：人生という旅を巡礼者としてこれからも歩んで行く私たちが、目指すべき自分の姿を描くことができれば、未来の自分と出会う旅にもなります。

このような出会いがあれば、私たちは確かに変わることができるでしょう。そのためにも、信仰の実践と互いの分かち合いを大切にします。毎日のミサにおいては、みことばを味わい、サンティアゴの巡礼路を歩きたいと思っているたくさんの人たちの代表として派遣されていることを忘れず、祈りを捧げます。また、皆でロザリオを唱えたり、個人で祈る時間をとったりします。休憩場所やホテルで団欒のひとときを持ち、互いに分かち合いをします。希望者にはゆるしの秘跡や霊的指導の時間もとります。

この旅の参加条件は、今述べたような旅に参加したいという方であることと、百十五キロメートルを六日間で歩くことができる体力があること、という二つです。バスが同行しますので、着替えなどの大きな荷物を背負って歩く必要はありません。毎日ホテル泊なので、虫にかまれるとか、騒音（いびき？）で寝られないということはありません。参加を決められたら、ぜひ毎日歩く練習を始めてください。

旅行費用は安くはありませんが、この内容では格安です。また、早くに準備を始めたおかげで、日本人の現地ガイドさんを確保することができました。万が一不測の事態が起こった場合も、旅行社の現地事務所のサポートを受けることができます。

今後の予定は募集状況を見ながら決めていきますが、七月ごろに説明会を行い、その後参加予定者で準備会をしようと考えています。準備会とは、実際に集まって、巡礼についての学び、祈りのひと時をとり、その後巡礼一日分の距離である約二十キロメートルを目安にどこかの教会まで歩き、そこでミサに与り、最後に分かち合いをする…というものです。準

備会はできれば二回行いたいと思っています。そして十月初旬に現地のガイドさんも交えてオンラインで直前説明会をする予定です。

最後に、アフリカにはこういうことわざがあるそうです。「急いでいるなら、一人で行きなさい。でも、遠くまで行きたいなら、誰かと一緒に行きなさい。」サンティアゴは遠い場所ですし、百十五キロメートルという距離も長いです。一緒に歩きましょう。そして、自分の力だけではたどり着けなかった本当にあるべき自分にたどり着くためにも、ともに巡礼に行きましょう。皆さんの参加をお待ちしています。

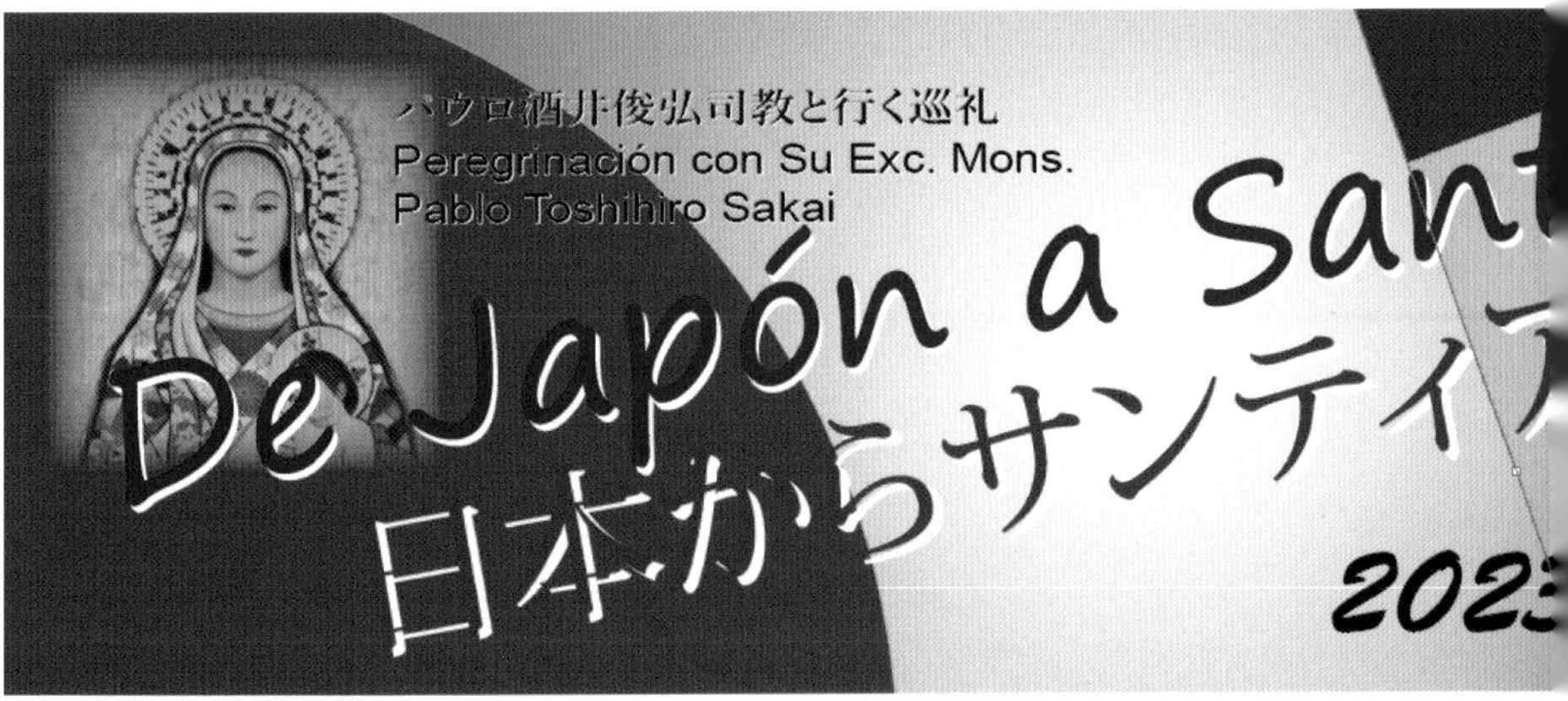

＊毎日アップした動画はQRコードからご覧いただけます。
＊本文は、まずその日のミサの説教。ただし、読みやすくするために若干の編集を加えています。
＊続いて編者によるエッセイ。
＊そして、参加者の感想文。
＊写真のほとんどは参加者が撮影したものです。

巡礼第一日目　十月十三日
関西空港〜マドリード〜ブルゴス

第1日目動画

マドリードのアルムデナ大聖堂（カテドラル）聖体の小聖堂でのミサ説教

　今日の福音書はわりと長くて、しかも難しいところです。最初のところに、イエス様の言葉で、「内輪で争えば、どんな国でも荒れ果て、家は重なり合って倒れてしまう」（ルカ十一・十七）、そして「サタンが内輪もめすれば、どうしてその国は成り立って行くだろうか」（同十八）とあります。イエス様がおっしゃるのですから本当なのでしょうが、悪魔もさすがに内輪もめはしない、ということですね。悪魔は悪いものですけれども、悪魔でさえも内輪もめをしていれば成り立っていかない、悪魔も内輪もめはしないということです。今、私たちは、中東で戦争が始まりそうであり、ウクライナでの戦争は一年以上がたち、そういう紛争が絶えない、そんな世界にいます。そういう中で平和を祈るわけですけれども、悪魔でさえ一致をしているのに、なぜ私たちは一致することができないのか。世界の不一致を嘆き、一致するようにと祈りますが、やはり私たち自身も自分を振り返らないといけないでしょう。

　一致するためには必ず中心が必要です。何かのゆえに一致をする。宗教の場合だと、何を信じ、どう生きるのか、というのがどんな宗教でも根本です。いろいろな生き方をしてかまわないのだけれど、これを信じます、こういうふうに生きます、という最低限のことを中心にして一致をする、ということです。どう生きるかが入っていますから、かなり一致のレベルは高いわけですけれども…。

　私たちが一致をするためには、努力をしなければなりません。けれども、そのためには神の力と人間の力の両方が必要です。今私たちはマドリードの大聖堂、カテドラルの聖体の小聖堂でごミサをしています。この小聖堂は、ご覧のように大変きれいなモザイクの壁画ですけれども、人間が作ったものです。でも、信仰があるから、このような小聖堂を作り、信仰をもってご聖体を安置し、ここで礼拝をします。

つまり、一致をするということは、神様の力でもあり、また人間の力でもある。人間の力など関係のないような奇跡でもないし、神様の力など関係のない人間のわざでもない。それが私たちの求める一致でしょう。

もうすでに、私は奇跡を見ました。関西空港で奇跡がありました。名前は出しませんけれども、二つの小さな事が重なったのです。セキュリティー（保安検査場）のところで一つの荷物がひっかかり、それをどうするかということで、十〜二十分ぐらいですか、係の人たちといろいろな話をすることがありました。そうこうしているうちに、そこに電話が入り、すでにセキュリティーを通ってパスポート検査も終わった方が、セキュリティーのところで忘れ物をしたという連絡でした。その電話がもう少し遅れていたら、というか、最初の事件がなければ、とっくに私たちもそこを通り過ぎて、どうしようもなかった。けれども、電話が届き、事情を話して見つけてもらい、パスポート検査場を出るところで受け取ることができました。

このことは、病気が治るような奇跡ではありません。けれども、人間の力だけでそこまでできたか…と言われれば、できなかったと思います。人間の言葉で言えば偶然ですけれども、信仰の目で見るならば、そのようなミスを何とかうまくおさめようと努力をした人たちのおかげで、いろんなことうまくが起こったのだと言えます。

今日から始まる巡礼もそうでしょう。私たちはいろんなことを忘れたり、ミスをしたりします。それを我がことのように考え、お互いにカバーをすることで、一致をして巡礼をしていくことができるでしょう。

一致のみなもとであるイエス様に、そのことを願いながら今日のごミサを共にお捧げしましょう。

＊奇跡の顛末。Aさんがセキュリティーチェックで、内容量は規定以内だけれども容器が容量オーバー…ということで化粧品が没収されることになり、係員を相手に添乗員の方や私たちでいろいろと相談をしていたところに、パスポート検査をすでに通った人から「Bさんが携帯電話をセキュリティーチェックのところに忘れてきたみたいだ」という電話が入りました。セキュリティーチェックもパスポート検査も、いったん通れば戻ることはでき

ません。それまで容量オーバーの件で話をしていた係員に今度は「携帯電話の忘れ物はありませんでしたか」と尋ねましたが、見つかりません。いろいろと探してくださいましたが見つからず、仕方なく私たちもパスポート検査を終えていたところに、係員が走ってきて「見つかりました！」と知らせてくれました。Aさんの化粧品は帰国時まで旅行社の事務所で預かってもらい、Bさんは携帯電話を持って旅を続けることができました。

ハイポーズ！

高スサンナ　大阪市（玉造教会）

関西空港を出発した時は、長旅の私たちを祝ってくれるように、大阪港に夕日がとても美しいピンク色に染まっていました。ドバイで乗り継ぎマドリードまで順調でした。マドリード空港ではセコ神父様が迎えてくださり、とても嬉しいことでした。マドリードのアルムデナ大聖堂のとてもきれいな小聖堂では、玉造教会のホセ神父様のご両親も来てくださり、ミサを共にささげました。

マドリードからブルゴスへバスで移動、翌日聖ホセマリア教会でミサを捧げました。レオンではガウディの建てた建物やステンドグラスがとてもステキな教会や修道院の建物を見物しました。

いよいよ巡礼の道に入るサリアです。ここから私たちは歩きます。巡礼手帳を頂き、スタンプラーリをするように、一日二個以上スタンプを押して頂きながら、ポルトマリン、パラス・デ・レイ、メリデ、アルスーア、オ・ペドロウソ、サンティアゴ・デ・コンポステーラへ向かって皆さんととても元気に歩きました。

町から町へと移動中は、牛に追いかけられたり、牧場の細道を歩く時はとても不思議な香りがただよったり大変でしたが、歓喜の丘が見えて疲れが飛んでゆきました。全員でハイポーズ！

バス巡礼とは違った徒歩巡礼

望月典子　静岡市（草薙教会）

事前の「歩いてみよう会」に参加し、これが毎日六日間続くのかと考えた時には、ワクワク感の反面、本当に歩き通せるのだろうかと、不安になった。荷造りの前に取りかかった事は、塗り薬、貼り薬、痛み止め、絆創膏等の準備。パッキングは何と出発の前日。サンティゴアは今回で二

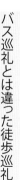

度目。ただ、前回はリスボンからバスでの巡礼。徒歩巡礼とバスでの巡礼の大きな違いは、バスではサンティアゴからフランスへ巡礼路を逆走。徒歩巡礼は、「Buen camino!」と言って、追い越したり追い越されたりしながら、皆同じ目的地のサンティアゴを一心に目指して歩を進める。上り坂で辛い時も、皆で励まし合い、前を向いて歩く。人生も同じだと思った。立ち止まり、振り返る事はあっても、後戻りはしない。一歩一歩天国へ向け歩んで行く。時には、イエス様に助けていただきながら。色々な事を考えたり、祈ったり、歌ったりしながら、歩き通せた事に感謝。

巡礼第二日目　十月十四日
ブルゴス～レオン

第2日目動画

ブルゴスの聖ホセマリア・エスクリバー教会でのミサ説教

今日は土曜日にあたります。ごミサの選択として聖母の土曜日のミサもすることができます。伝統的にカトリック教会では土曜日がマリア様に捧げられています。私もこの教会に来るのは初めてですけれども、先ほど説明がありましたように、上にあるのは十字架上でイエス様が亡くなられる前のマリア様との対話の場面です。まずマリア様に「これがあなたの子です」（ヨハネ十九・二十六参照）と言われ、マリア様が私たち全人類を母として受け入れてくださったことを記念しています。次に、ヨハネに向かって「これがあなたの母です」（同二十七参照）と言われ、ヨハネは私たちを代表してマリア様を母として受け入れた、その場面が表されています。

今しがた読まれた福音書では、イエス様が、神のみ旨を果たす人は幸い、「幸いなのは神の言葉を聞き、それを守る人である」（ルカ十一・二十八）と言われました。群衆はお母さんのことを称えたわけですけれども、それよりもむしろ…と言われました。それは、あくまでそのような言い方であって、私たちは誰よりも「神の言葉を聞き、それを守る」、最高にそれをされたのがマリア様であることを知っています。

神のみ旨を果たす、神の言葉を聞いてそれを守る、それは私たちにとってどういう意味があるのでしょうか。私たちは、今はどうでしょうか。かつて自分探しという言葉がはやったことがありますね。自分とは一体何者であるかという問いかけをするのは、ある意味で正しいことです。たとえば私たちは、誰かの息子、娘として生まれる。そして、誰かと家族になり、社会の中でそれぞれの役割がある。そのいろいろな役割の中で、自分を見失う、自分にどういう意味があるのかが分からなくなる。ただ、逆に言うと、私たちが自分である、

本当の自分であるというのは、そういう関係の中での自分らしさでしょう。つまり、誰とも関係がなければ、私たちに自分らしさがあるどころか、逆にそれを持てなくなってしまいます。というのは、私たちは誰かのために何かをするときに、それが本当の自分だからです。自分の役割、もちろんそれが辛いときもあるし、大変なときもあるけれども、誰かの娘であり息子であるということ、誰かの家族であるということ、誰かに何かを伝える立場であるということ、それが実は自分を一番自分らしくしてくれていると言えるでしょう。

マリア様は神の子の母、聖ヨセフの妻でしたが、シオンの娘とも言われる、それがマリア様のアイデンティティです。それを、しっかりと受け入れて、それを実践された。そこに聖母マリアの聖性があります。何か特別なことをして名前を残す、たとえばこの教会が捧げられている聖ホセマリアのように、何か特別なことを神様から任せられる人もいるでしょうけれども、それもまた自分の役割を果たしただけ、と言うことができるでしょう。

私たちが、様々なことの中で、私たちに任せられたこと、そこに本当の意味での自分のアイデンティティがあり、そして自分のアイデンティティを果たすところに自分の本当の意味での幸せがあるということ、それを学んでいければと思います。この教会の祭壇上で十字架上のイエス様を囲む女性たち、男性は一人だけですが、そのような人たちは二千年前に実際にこうして生きた人たちであり、それぞれの役割を果たすことによって神様のみ旨を果たしました。私たちもみ旨を果たすことができるように、このごミサを通して祈ってまいりましょう。

＊ブルゴスで泊まったホテルからすぐそばを通るサンティアゴへの道を見下ろすことができました。雨の中、朝から歩く巡礼者たち。四百七十キロメートル先を目指して歩く姿に頭が下がります。ブルゴスでは、新しい教会（二十世紀の聖人である聖ホセマリア・エスクリバーを保護者として二〇一一年献堂）と古い教会（十三世紀建立）を訪れました。前者の地下には〈世界一大きな『道』〉と呼んでいる、聖ホセマリア著の『道』の九百九十九のポイントを掲示する壁があり、教会建設費用のための寄付をすると参加できます。参加者の皆さんもお金を出し合って参加。日本が登場するポイントを付けてもらいました。

「宣教師。あなたは宣教師になることを夢見ている。ザビエル並みの熱意に燃えてキリストのために一つの帝国を征服したいと望んでいる。日本、中国、インド、ロシア、北ヨーロッパの寒い国々、あるいはアメリカ、もしくはアフリカ、それともオーストラリア。その炎のような情熱を、人々の救いを願う切なる思いを、心の中であおりなさい。しかし、〈従うことによって〉、よりいっそう効果的な宣教師になることができるということを忘れないでほしい。あなたはこれら使徒職の場から地理的に離れた、〈ここ〉あるいは〈そこ〉で働いている。あなたもザビエルのように、大勢の人々に洗礼を授けたあとで、腕の疲れを感じているのではないだろうか。」

（『道』三一五番）

ブルゴスでは、司祭叙階同期のスペイン人神父がスマホの情報を目にして、カテドラルまで会いに来てくれました。久々の再開。二十五歳で初めて会ったとき、オレンジ色のジーパンをはいていた（！）彼も、今や白髪のベテラン神父。旧交を温めることができました。

ブルゴス「聖ホセマリア教会」

稲畑さおり　神戸市（夙川教会）

巡礼に参加したいと初めて思ったのは今から十三年前、梅原神父様とコーナン神父様が催行されたフランス巡礼でした。行くことをためらっていると「巡礼に行ってみたかったが叶わなかった。あなたに見て感じてきてほしい」と同居していた主人の母から背中を押され、参加することができました。今回の巡礼には、昨年母の遺品整理をした時に見つけたロザリオをポケットに入れ、一緒にサンティアゴ・デ・コンポステーラまで歩きました。

さて、巡礼最初のミサにあずかったこの教会は、心に強く残りました。この後訪れたブルゴス大聖堂をはじめ、歴史ある美しい教会を沢山巡礼しました。しかしここは、聖堂に入ると明るい自然光と、シンプルでありながら正面の十字架上のイエス様と、イエス様を囲むマリア様と人々の像が大変印象的でした。見上げているとそれぞれの気持ちや声が伝わってくるようで、ずっと身を置いていたくなる教会でした。

私が歩いたサンティアゴへの道

方恵淑　芦屋市（芦屋教会）

いつかは行く事があるかなぁと思っていたサンティアゴに神様の導きによりたどり着き、帰ってからもう一か月になりました。三十年前、イスラエルのシナイ山にのぼる時の思い出もあり、サンティアゴの道も一人で歩くのかなぁと思っていました。でも、サンティアゴの巡礼路は一緒に歩く道でした。歩いている時や、大自然の中、そして毎日捧げられるミサの時など、神さまを間近で感じる充実して居る自分が居れば、一方でいつしか居眠りしている時もありました。

今まで生きてきた道とこれから生きて行く道のように、サンティアゴの巡礼路は三十分さえも同じ天気が続きませんでした。雨が降り、お日様が出て、また曇って霧雨になり…。足が牛や馬の落とし物で臭くなった思い出もありますね。

私はサンティアゴの巡礼から帰ってきて、今よりもっと穏やかな自分で生きて行くことを考えています。この度は司教様と皆様一人ひとりにお礼を申し上げます。サンティアゴの巡礼路は皆様と一緒で幸せでした。有り難うございます。

ブルゴスのカテドラル天井

レオンのカテドラル

巡礼第三日目　十月十五日
レオン～アストルガ～サリア

第3日目動画

サンタ・マリナ小聖堂(アストルガ、カテドラル内)でのミサ説教

日曜日は主日と言います。つまり、主の日。日曜日というのはSundayの訳ですが、主日はDie Dominiccusというラテン語が元です。私たちの普段の日曜日の過ごし方はいろいろとありますが、日曜日は主の日であるということは忘れないようにしないといけません。もちろん日によってとか、いろんな事情によって教会でゆっくりごミサにあずかることができないときもあるかもしれません。けれども、そのような時でも、心を込めて、日曜日は神様のために寛大に時間も労力も使う、そういうことがふさわしいということです。

主日のごミサですと、平日と違って三つの朗読が読まれます。最初に旧約聖書。季節によって少し違いますけど、だいたい第一朗読で旧約聖書、そしてそれに対応した福音書が最後に読まれます。間の第二朗読は少し別の内容になっています。

昨日私たちが訪問したレオンの大聖堂でガイドさんが教えてくれました。祭壇の様々な彫刻の中で、目隠しをした女性と、目隠しをしていない女性とで、旧約と新約が表されていると。旧約の時代というのは、いろんなことが目隠し状態だったが、新約の時代になり、それらが明らかになったということです。今日のごミサの朗読もそうですね。最初の朗読は、預言的なこと、特にイザヤの預言ですから、預言的な言葉であまりはっきりしない。「その日には」(イザヤ二十五・九)と言っても、その日はいつなのかというのはよく分からない。けれども、新約の時代になって救い主がこの世に来られたのが「その日」であったということです。そして、山のことが最初の朗読で語られました。それは、シオンの山、当時都のあったエルサレムを表すと同時に、新約の時代には今いるような教会のことです。イスラエルの神殿に行かなくても、

それぞれのいる場所にイエス様が来てくださって、そこで礼拝を捧げることとができるようになりました。このようにだんだんと見えるようになったのです。

このような中で、私たちが朗読から、こんなことが昔語られたな、というのではなくて、今のそれぞれの私たちにどういう意味があるのか、ということを考えるべきでしょう。私たちが一番理解すべきは福音書の朗読です。今日の福音書は、婚宴に招かれるということで、細かいところは結構分かりにくいんですよね。なんで王様がここまで怒らなくちゃならないのかとか、怒り狂って町を焼き払うとか。これは、今日の『聖書と典礼』では、エルサレムの滅亡を指すと書かれています。ですから、救い主を迎え入れなかった人たち、王様の誘いに応えなかった人たちに、災いが降ったというように解釈できるのでしょう。

けれども、今の私たちにとってどのような意味があるのかというと、一番最後の「招かれる人は多いが、選ばれる人は少ない」(マタイ二十二・十四)というところに着目できるかもしれません。私たちは巡礼旅行に来ていますが、自分で参加をしようと決めて参加しています。けれども、招かれているということも確かでしょう。招かれないと来られないんですよね。そういうことは実はたくさんあるでしょう。私たちは、もし王様から招かれたら、それはじゃあ喜んで行こうとなりますよね。でも、神様は私たちをいろんな形で招かれる。十字架上のイエス様が、神様の近くに来てくださいよと招かれるのは、要するに十字架の近くに来てくださいよ、という意味でもあるでしょう。喜びの大宴会だけではないんですよね。むずかしいときもあるでしょう。そういう良いこと、悪いこと、私たちが単純に運が良いと思うこと、あるいは運が悪いと思うこと、そこに自分自身が招かれていると。そう捉えることができるかどうかは、私たちにとっては実は大きなことかもしれません。招かれているのであるならば、それも招いてくださっているのが神様であるならば、それに応えるべきでしょう。

そうすることによって神様との距離は必ず縮まります。けれども、神様からであろうが、誰からであろうが、そういう招きは私には要らないと言って拒むのであれば、神様からどんどん距離が離れてしまうでしょう。それは、実は家族の中でもそうでしょう。家族の期待、招きに応えなければ、やはり離れていく。神様との関係も同じです

　第二朗読は、少しつながりは違いますが、とても印象的な言葉を聖パウロが私たちに残してくれました。真ん中から後半のところですね。「わたしを強めてくださる方のお陰で、わたしにはすべてが可能です」(フィリピ四・十三)と。この、神様のお陰ですべてが可能と言うと、何かスーパーマンになるような、そういう思いがしないでもないんですけれども、そういうことではもちろんないでしょう。私たちが可能である、私たちができることはすべて神様のお陰であるということです。私たちに何かができるというのは、私たちに与えられた体であるとか才能であるとか力であるとか、それを使ってできるということです。また同時に、この私個人にはすべてが可能でなくても、私たちには可能である。人間というのは過去から現在、未来へと続いていくわけです。この教会、このごミサの話を最初にしましたが、たくさんの人がここで祈ってもかなえられなかったこともあったでしょう。でもそれが後の世代にかなえられることもある。今私たちが実現できないことでも将来できるんじゃないかと希望を持つことができる。そうすると、やはり私たちには、お互いの力を使えば、考えられるすべては可能となっていく。それが私たちの人間としての希望、素晴らしさではないかというふうに思います。

ガウディの司教館

　今日のごミサ、主日、日曜日ですので、こうして三つ朗読がありました。奉献文も、今日は皆さんの式次第にある第三奉献文を使います。これは日曜日に勧められる奉献文で、その中で生きている人たち、亡くなった人たち、それを丁寧にたどる祈りの文章になっています。教会では普段、おもに第二奉献文を使いがちですので、あまり使われていないかもしれませんけれど、第三奉献文を味わうということが今日の日にはふさわしいかもしれません。味わいながら、こうしてミサにあずかり、今日の一日をお捧げし、神様の招き、どういうことに神様は私を招いてくださっているのかを感じ取る、そういう心を与えてくださるように祈りながらごミサを続けましょう。

＊レオン市外のホテルを朝に出発して、まずアストルガ（サンティアゴまで二百五十キロメートル）へ。カテドラル内のサンタ・マリナ小聖堂でミサ。ガリシア地方で信心が深い聖マリナは、『黄金伝説』にその生涯が描かれている以外はその生涯がよく分からない聖人。芥川龍之介の『奉教人の死』は、そこから影響を受けたとされる短編。主日なので落ち着いてミサを捧げたら、主聖堂での十二時のミサのために教会内の見学はあまりできずに残念でした。冷たい雨が降り出す中、ガウディの司教館は外から見るのみで終わり。目の前の道をレインコートを着て歩く巡礼者を見ながらレストランで昼食をとりました。

　その後バスで、フランスの道の最高点（千五百三十メートル）のイラゴ峠へ。車道を登る自転車の一行を追い抜く度に、申し訳なく思いました。巡礼者たちが積み上げた鉄の十字架を見た後、セブレイロの村（千二百九十八メートル）に。サンティアゴまで百五十キロメートル。ケルト文化の名残であるワラ屋根の家があり、小さなサンタ・マリア・ラ・レアル教会は八百三十六年建築と言われるロマネスクの聖堂。十二世紀に起こったとされる伝説の奇跡のカリスとパテナが飾られていました。

　日が暮れるころ、徒歩巡礼出発の地、サリアにようやく到着しました。ガイドの堀さんが待ち受けてくれていました。近くレストランでの夕食では、いよいよ明日から歩き始めるという高揚感と不安が交錯する一同でした。

イラゴ峠の十字架

巡礼路よもやま話

目瀬眞理子　芦屋市（芦屋教会）

以前から行ってみたいと思っていた徒歩巡礼。体力的に可能な時期は今しかないと思い友達と申し込んだ。行くまでに、〈歩こう会〉と称したトレーニングと交流を兼ねた機会もある行き届いた企画であった。

　生憎と時間が取れず参加の予定が組めないまま当日を迎えた。空港に集合の第一印象は意外に高齢者が多い？自分を差し置いて失礼な話である。百キロメートル以上を歩こうというには少々不安はあるものの、途中でバスに乗ることも可能と聞いており大丈夫と自分に言い聞かせる。飛んでマドリード空港、出迎えて下さったセコ神父様、案内ありがとうございました。アルムデナ大聖堂、ブルゴスの聖ホセマリア教会、ブルゴス大聖堂、新旧の教会にカトリック教会の歴史を見た。

　レオン巡礼、沢山の教会、信徒、その数よりも多いステンドグラスがあると、ガイドさんが語っていた。バラ色の教会アストルガ大聖堂にも美しいステンドグラスが埋め込まれている。次に向かうのは標高一五三〇メートルのイラゴ峠。巡礼者の安全を祈って石を積み上げた鉄の十字架を訪れる。雨と霧の中で巡礼者の思いに馳せる。続いて訪れた古代ケルト人住居跡、オ・セブレイロの村は標高一三三〇メートル。フラ

ンス人の道と呼ばれる巡礼路最古の教会サンタマリアラレアル教会、藁ぶき屋根のパジョーサのあるこの村は濃い霧に囲まれていてとても幻想的な風景であった、晴天でない事に感謝！

　五日目は徒歩巡礼のスタート地点サリア、一九九三年に世界遺産登録をされたというフランス人の道で巡礼の最短距離とされる地点である。鉄道駅があり、ここまでを鉄道で来てここから徒歩巡礼をする巡礼者も多いと聞く。最短と言っても普段歩く距離ではない。十月十六日午前八時、サンチャゴ目指していざ出発！

　出発の朝、私達は時間より早く宿を出て町を散歩、集合ホテルで荷物の確認をしている時にストックを宿に忘れた事に気づく。ホステルの鍵を返してしまったので門から中に入れない。部屋の人影をうかがいながら、道行く人たちに不審がられながら宿泊者が出てくるのを期待して門前で待つこと数十分。新品の杖の置き忘れという失敗で徒歩巡礼が始まった。

　サリアからポルトマリン迄二十二・一キロメートルは芦屋だとロックガーデンを経て宝塚に行く距離であり、想像がつき歩けそう。天気も良く道は最初少しのアップダウンはあるものの田園の中が気持ちよい。映像や写真では見られない放牧の臭いも現実感がある。トイレ休憩は途中のカフェで事情に合わせてそれぞれが済ませる、食事もしかり。バスの待機場所の説明があり乗ることもできる。無理をしないで自分のペースで歩く。道標であるホタテ貝のモホンが分岐点には必ず整備されており、少しずつ目的地に近づくのは楽しみである。

　ガイドの堀さんから、それぞれのペースで歩く、急がない、無理しないと重ねて言われて歩き始めたが、二十八人の体力も年齢も違う中、迷惑をかけずに自分で歩きたいという心構えと、一方では人の気持ちを支え助け合う、相反する気持ちのせめぎあいがあり、自分の中にある偏狭さに嫌気がさして、歩く以上にしんどい思いをした。何人かのグループの中にいる時と、独り歩きになった時の気持ちの違いにも気づかされたし、先頭を歩くグループと最後尾では眺め迄が違った。初めて会った人たちと、歩きながら又食事の時に混じりあいとても楽しい時間を過ごす事が出来た。この巡礼団はよくも悪くも一つの家族ですね。と話しておられた方に同じ思いを感じた。

　この巡礼の目玉はなんと言っても酒井司教様であった。忙しい中をプラン作成から準備会、日毎のミサ以外に道中の通訳、参加者の世話迄を引き受けて下さった。写真を送った家族からは中学校の引率の先生みたいや、とコメントが来て笑った。ゴールで司教様から受けたハグには言われぬ温かさがあった。

　そしてマドリード空港の最後のミサ曲、〈私をお使いください〉の落ち着いたアルトの歌声に思わず涙ぐんだのは自分への戒めと自覚した。

巡礼第四日目　十月十六日
サリア～ポルトマリン

第4日目動画

ポルトマリンの聖ニコラス教会でのミサ説教

今日の第一朗読は聖パウロのローマの教会への手紙で、第一章第一節から始まり、これから毎日続いていきます。その最初に聖パウロは、自分がどういう者であるかについて、「神の福音のために選び出され、召されて使徒となった」（ローマ一・一）という自己紹介をしています。聖パウロは、ご存じのように、突然神から、当時はキリスト者を迫害していたのに、神から選ばれて使徒となりました。そういう自分の召し出しを振り返れば、「召されて」という言葉は真実でしょう。けれども、そのパウロは、今日読まれたところの最後で、この手紙の宛先であるローマの信徒の人たちに向かって、「神に愛され、召されて聖なる者となったローマの人たち一同へ」（同七）と言っています。つまり、手紙の相手であるローマの人たちに、あなたたちも召されて、しかも聖なる者である、と。

この教会は聖ニコラスに捧げられた教会です。そして、教会には、昨日も一昨日もいろいろな大聖堂で見学したように、たくさんの聖人たちがいます。そういう聖人たちを見ると、ああすごいな、偉いなと思います。けれども、その聖パウロが今の私たちに向かっても「神に愛され、召されて聖なる者」となったと言っている。そう言われると、私たちは、もちろんまだまだそうではないと思います。言わば、学校に入って○○学校の生徒にはなったけれども、本当にその学校の生徒であると自他ともに認められるためには、その学校で学び、しっかり校風を学びとって卒業することが必要になるでしょう。

私たちは、神様にいろいろな形で呼ばれたから、今こうしてここに来て、今日は一日歩きました。そういう意味では、召された召し出しに応えた、一生懸命私たちは自分の二本の足で応えたわけです。そういう歩みが私たちを聖なる者にするのでしょう。

福音書（ルカ十一・二十九-

三十二参照)では、ちゃんと目を開け耳を開いて聞きなさいとイエス様が怒られました。イエス様の時代の人が自分を救い主であることに気づかない、ということをとがめられたのです。

私たちも、私たちに示される様々な形、日常の中で普通に示されることを通して、学んでいくことができると思います。

この間の月曜日、ちょうど一週間前ですね、大阪高松大司教区の設立式があり、その最後のセレモニーの一番最後に私がひと言挨拶をしました。アフリカのことわざを引用しました。「一人が歩けば、足跡が残る。皆が歩けば、道が残る」。サンティアゴの道もかつてたくさんの人が歩いて道を作った。しかし、それがいったんすたれてしまった。けれども、今日最初に(ガイドの)堀さんがお話しくださったように、一人の司祭がそれを復興させて、そして今たくさんの人が歩くことによって、その道が整備され、世界遺産にもなっている。それは、一人ひとりの一歩一歩が踏みしめた道だからでしょう。私たちも、私たちの後に続く人たちが、あの人のように生きたいと思う道になるように、これから恵みを受けて、そしてこのサンティアゴへの道を歩きながら、いろいろと考えていければと思います。

＊サリアは列車の駅があり、サンティアゴまで約百十五キロメートル(巡礼証明書が発行されるのは百キロメートル以上)のため、多くの巡礼者が出発する町です。マグダレナ救護院(メルセー修道院)からいよいよ徒歩巡礼のスタート。

いよいよスタート！

ガイドの堀さんは、スペイン人の旦那様と二人の子どもさんとサンティアゴ在住で、ガリシア州の公式ガイドとして働かれています。サリアからサンティアゴへの巡礼路を歩くのはなんと今年八回目！毎朝の出発前の的確なブリーフィング、ここぞという場所での解説、ミサや食事の手配や折衝と大活躍でした。

さて、六日間の徒歩巡礼路の初日のこの日は二十キロメートル余りと距離の長い行程でした。起伏のある草原を抜けてバルバデロの聖ヤコブ教会を通り、雨上がりの道をひたすら歩く…。初日のきつさは堀さんの予告通りでしたが、行程の終盤、かなたにポルトマリンの町と教会が見えたときは、本当に嬉しかった…。

ポルトマリンはローマ時代からある町ですが、二

中央が聖ニコラス教会

十世紀にミニョ川上流にダムができ、水没することに。町の主だった建物は高台に移設されましたが、ミサをした十三世紀築のサン・ニコラス教会は石の一つひとつに番号を振って運んだそうです。

変えられた私の道

泉みち子　藤沢市（藤沢教会）

司教様の巡礼へのお誘いの中に、「この旅の目的は、自分が変わる、変えられること。そのためには、出会いが必要です」とあった。最後の日、しばらく一人黙々と歩く時間があった。自分は何故この道を歩いているのか？

私はちょうど六十年前、初めて神に出会った。カトリックのことを何も知らなかった私が、毎朝ラテン語のミサに全員出席の寄宿学校に入った。ミサの間、霊的読書が許可されていて、図書室の本を棚一列読破した。そして

神を知った。教えを受けて、神を信じた。公教要理を丸暗記して、三年目に洗礼を受けた。

神と共に、それなりに歩んできたつもりの六十年後、この巡礼に誘われて、すぐに参加の返事をした。この旅で私は変わったか、変えられたか、神に出会ったか。

六日間毎日雨の中、一緒に歩いた仲間。Buen Camino! と、声を掛け合った、名前も国籍も知らない巡礼者たち、行き先は同じサンティゴ・デ・コンポステーラ。出会った人達からの挨拶、笑顔に神を見た。巡礼を彩り、楽しませてくれた、紫陽花、栗、林檎、カボチャ、レモン、ユーカリ、大きな松ぼっくり、牛、馬、看板犬、ファイアサラマンダー、雲海、虹、マグノリアも、おなかを満たしてくれた、美味しい食事、生搾りオレンジジュース、コラカオ、生ハム、プルポ、シシトウ、パエリヤ、すべてにGRACIAS！

私は、神に出会い、感謝するためにこの旅に来た。我が名はカミーノ、これからは、出会って変えられた私の道を歩む。

不思議

平田ひろみ　芦屋市（芦屋教会）

出発前の朝の祈りの「神はおまえの門のかんぬきを堅め、その中に住むひとを祝福される」詩編（百四十七・百二十九）を目にしたとき、私たちは酒井司教様の牧場に導かれその光の中で歩くのだと心が動きました。歩き始めて、青いク

ロッカスのような花が群生していて綺麗だなと、何回も思いました。あれはサフランだったのでしょうか。次の日に同行した主人の膝の痛みが出現しました。その道端に同じ青い花が咲いていたので主人に「綺麗ね」というと、押し花にすることを勧められました。しゃがんで花を摘みノートに挟みました。今もその深い青をとどめた押し花を見るたびに今年ＮＨＫでコンポステーラ巡礼を見た時には、行くことなど夢想だにしていなかったのですから不思議を感じます。

不思議と言えば、今年八回同じ巡礼路を歩かれた地元のガイドの堀いつ子さんが、いつも締まっていた教会が二か所開いており不思議だ、と言われた時、私たちは神の牧場にいて守られていると感謝でした。

コンポステーラに着く前日に、車が頻繁に行き来する道で、私は道際の草の中をあるいていました。その横の地道を歩いていたのは韓国から来た青年で、三十日間の巡礼の不思議な体験談で盛り上り、話に夢中になっていた私は体のバランスを崩しました。道の一段下の溝に落ちそうになったのを、彼ががっしりと支えてくれました。その日アルベルゲに着くと、トランクは自力で二階へあげる場面に出くわしました。手伝おうと一番上の階段でバランスを崩しましたら、方マリアさんががっしりと支えてくださいました。一日に二回も優しい韓国人に支えられ助けられて不思議な体験だと思いました。

一番感動した事は、コンポステーラの十月二十二日主日のミサで、酒井司教様がミサをたてられた時に山下明子さんがスペイン語で第二朗読をなさったことです。神様は山下さん親子をちゃんとご覧になっておられた、と感激しました。

巡礼第五日目　十月十七日
ポルトマリン～パラス・デ・レイ

第5日目動画

パラス・デ・レイ
サン・ティルソ教会でのミサ説教

　最後の休憩をしたところで、ミサの予定をどうしますかという話を（添乗員の）谷口さんとしたのですが、その時にミサの時間、ミサを優先して、もう皆さんバスで行きましょうかという提案を受けました。そこで、私は「なんと信仰が薄い者よ！」と怒ったわけではなくて（笑）、「皆さん、最後まで歩きたいでしょうから、ミサはどうでもいいです」と答えました（笑）。そうしたら、結果的にこうして、まだ着いていらっしゃらない方もおられるかもしれませんけれども、ミサができることになりました。

　先ほどの最初の朗読、ローマ人への手紙の中で、「神を知りながら、神としてあがめることも感謝することもせず」（ローマ一・二十一）というように、聖パウロがローマの人たちに怒る場面があります。私たちは悪いことが起こると、「なぜ、神様…」と文句を言うのですが、本当に小さな細かいたくさんの素晴らしいことについては、なかなか神に感謝をしません。今日も、お天気が急に良くなったら「神に感謝！」と言っていましたが、本当は天気が悪くなっても神に感謝しなければならないのかもしれません。そういうところに、まだまだ私たちの小ささがあると思います。

　今日は、最初に申し上げた通り、アンティオキアの司教聖イグナチオ殉教者の記念日です。五年前に司教になってから、彼のような殉教者の呼び名にある「司教殉教者」という言葉に敏感になりました。司教というのはやっぱり殉教することが求められるのかな、ということをよく思います。聖人たちはすべて神様のみ旨に従ったのですが、ものすごく派手なお告げを受けてにっちもさっちも行かなくなったというよりも、その日、その時、その場で求められることに応えていったのでしょう。

　福音書の中で、イエス様がファリサイ派の人に怒

られるという場面です。このファリサイ派の人も決して悪い人ではない。イエス様をわざわざ家に招いて、食事をしていただこうと、そういう善意があったわけですね。けれどもイエス様は、外面的なところを気にすることをとがめられます。最後に少し難しいことを言われています。「器の中にある物を人に施せ。そうすれば、あなたたちにはすべてのものが清くなる」（ルカ十一・四十一）。器の中にある物を人に施したら、どうして私たちは清くなるのか。

　私たちすべての人は、神様の子どもとして生まれているわけですから、心の中に、普通は良心、あるいは聖霊のささやき、聖霊の導きと言いますけれども、そういうものがあります。たとえば、良いものがあれば、神に感謝、美味しいものを食べたら神に感謝、うまくいったら神に感謝、それ以外にも、どんなことがあっても神に感謝すれば…という、そういうささやきも心の中にあるわけです。どこまで私たちが、心の中に呼び掛けられる神様の呼びかけに応えることができるかということが、本当の信仰者としての歩みをできるかどうかのカギになるでしょう。私がそれをよくできているわけではないですけれども、しかし、私がこういう話をすること、話をしながら自分自身にも言い聞かせていますが、もう少し心の中で語りかけられる神様の言葉、そしてそれをまたこうして支えてくれる聖書の言葉、それに耳を傾けて、それを実行していく努力をしていきたいと思います。

　今日の道のりを終えて、こうして感謝の祈りをしています。今朝申し上げた通り、教皇様が中東の平和のために祈りと断食を捧げましょうという日です。このごミサの中で特に平和のため、一日も早く平和が訪れるように共に祈りましょう。

＊モホン（標識）と黄色の矢印を目印にひたすら歩く一日。二日目はまだ景色を楽しむ余裕はありませんでしたが、馬での巡礼の一団に出会ったり、マグダレナ教会で名物の盲目のおじさんから長い長いうんちくを聞いて記録帳にスタンプを押してもらったりと、思い出に残ることもありました。

　巡礼路でモホン以外に目印となるのがクルセロと呼ばれる石造りの高い十字架です。この日の行程の途上でもいくつか目にしましたが、風雨で傷み苔むしている十字架の姿に、言いようのない心が動かされました。十字架に刻まれているキリストと聖母マリアへの思い、彼らが見守ってきた無数の巡礼者の祈り…。私たちが見上げたそのクルセロの足元に、

これからの何十年何百年と巡礼者たちがたたずむのでしょう。

ようやくパラス・デ・レイの町に近づくにつれて冷たい雨が強くなりました。ミサをする予定の教会では、十月のロザリオの祈りの集いが夕方の六時にあるため、それまでにミサを終えるように頼まれていました。ホテルに寄る間もなく、到着してすぐにミサを始めました。後から思えば、ガイドの堀さんが予告されていた通り、徒歩巡礼二日目を終えたこの日が皆さん一番お疲れだったかもしれません。それでも、おいしくたっぷりの食事（とワイン…）をいただいて、明日への元気を取り戻したのでした。

気づきと光の旅

東野彰子　宝塚市（夙川教会）

想定外の出来事に、「なぜ」と問わず、「どのように」受けとめて生きるのか　…　考えるのではなく、神さまの〈声〉が聴きたくて参加した、今回の巡礼でした。

元来、里山が大好きで、時間を見つけてはカメラ片手に友人とぶらぶらと里山を歩くことを楽しんでいましたが、所詮一日限りの二十キロメートル程度で、六日連続の百キロメートルには躊躇いがありました。おまけに足の裏と爪を怪我し、夏バテで二キログラム痩せ、こんな状態で参加してもいいのだろうかと不安のよぎった九月でした。

バスを上手く使いながら、徒歩巡礼を楽しめばそれでよし！と自分に言い聞かせ、出発。ひたすら自分のペースで歩き、結果的に　一二四・二キロメートルを歩いたというだけで、スタッフの皆さまの励ましと互いに交わす「Buen camino」の挨拶に力をいただいたのだと思います。先頭集団からは遠く引き離され、後方集団は見えず、ロザリオ（というより、「アヴェ・マリア」）を唱えながらの登り道も下り道も、私には静かなよい時間でした。皆さまから託された意向はしっかりとお祈りできました。

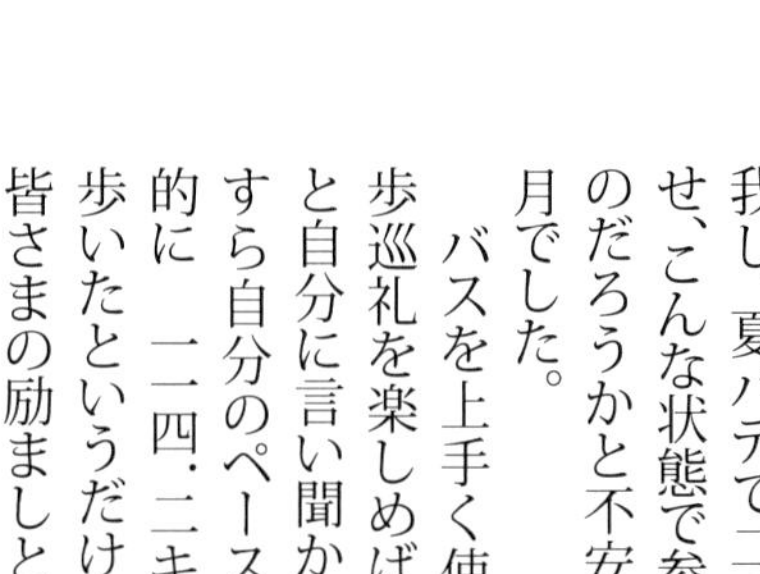

「どのように」の答えを言語化することは難しいのですが、気づきと光、そして〝動じない信仰〟を見せていただいたことは、私には大きなお恵みでした。巡礼にご一緒してくださった皆さまにも、祈りで同伴してくださった皆さまにも、心から感謝しています。

東野さん編集の巡礼動画前編〈マドリードからサリア〉

東野さん編集の巡礼動画後編〈サリアからサンティアゴ・デ・コンポステーラ〉

満足…そしてちょっぴり後悔

芦屋市（芦屋教会）　北野淑子

長い間憧れ続けてきたサンティアゴ巡礼を無事終えることができ、やっと実現できたという満足感と共に、少しばかりの後悔を感じています。

巡礼の道は思い描いていた道よりも遥かに歩きやすく、美しく、素晴らしいものでした。道標はしっかりしており、見渡す限りの緑の中を歩ける幸福を感じながら、ウキウキした心持で歩いていました。

しかし、ふと「これではいけない」巡礼なんだから神様との出会いを求めて歩かなければと思い至り、できる限り祈りの心を持って歩くようにしましたが、まわりの景色に目を奪われてなかなか祈りに集中できなかったことが残念でなりません。又ある日、前を歩く二人の仲間について行き道に迷ってしまいましたが、そのお二人は直ぐに間違いに気付かれUターンなさいました。そして「道を間違えてる」「引き返しましょう」と声をかけて頂いたにも拘らず、私と友人は自信をもってどんどん歩みを進め、結局三十～四十分位、道を彷徨う事になりました。まだ午前中の早い時間でしたので不安感はなく、清々しい歩き（ここは巡礼路ではなかったのでキレイな路面でした）の時間でしたが、「謙虚さの欠如」をまざまざと痛感させられる出来事となりました。

六日間の歩きの日々はずっと雨模様でしたが、お天気が悪くて残念だったという思いが全くしないのが不思議でなりません。雨が気にならない位満ち足りていたということでしょうか。

巡礼第六日目　十月十八日
パラス・デ・レイ～メリデ

第6日目動画

メリデの聖ペトロ教会でのミサ説教

普段日曜日のミサだけに出席しているとあまり分かりませんが、カトリック教会の暦においては、一年三百六十五日すべてではありませんけれども、たくさんの記念日、祝日があります。今日十月十八日は、私たちにとっては偶然かもしれませんが、サンティアゴへの巡礼の旅のちょうど真ん中の日で、聖ルカの祝日に当たりました。少し劇的な言い方をすれば、私たちが生まれる前から、二〇二三年の十月十八日はここでごミサにあずかるということを神様はご存じであったということです。聖ルカは、タイトルとしては福音記者となっています。福音書を書いた記者ということですが、カトリック教会では作者とか著者とは言わずに、あくまでも記者、つまり聞いたことを書く人です。自分で何か思いつくのではなく、あくまでも神様から示されたものを書いたということが、記者という呼び名に表れています。

聖ルカは、イエス様から直接選ばれた者ではありませんが、ある意味では神様から選ばれたと言えることが、今日の福音書で語られました。イエス様が七十二人を任命して遣わされたという箇所（ルカ十・一）が読まれるというのは、聖ルカもまた、直接イエス様から選ばれなかったけれども、使徒たちと同じように神から選ばれて遣わされたということを示唆しているのでしょう。

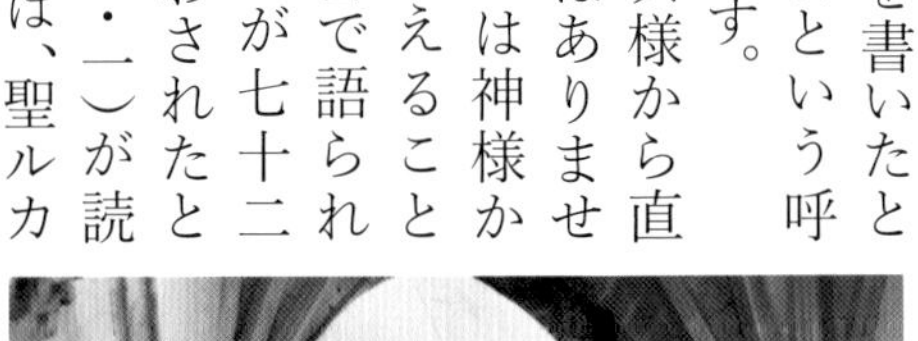

神様がわざわざ選んで、あなたは私の代わりに遣わされますよと言ったとはいえ、彼らに対して、この場合は聖ルカに、何があっても心配するな、全部うまくいくよということを保証されたわけではありません。今日の福音書で読まれた通り、あまり持ち物を持っていくなと言われただけでなく、何も最初に「狼の群れに小羊を送り込むようなものだ」（同三）とまで言わなくても…と思いますよね。ちょっと命があぶない…どころではなく、必ず食べられる…みたいな、そういう状

態だということ。また、すべてのところに行って何をするかという点も、あまり多くは語られていません。「神の国はあなたがたに近づいた」（同九）というメッセージを伝えなさいということと、その町の病人をいやしなさいということです。当時の使徒たちは病人をいやす力を与えられていたと言われます。

今、私たちはサンティアゴへの巡礼の道を歩んでいます。スタンプを押してくださる方であるとか、ボランティアでいろいろなことをしてくださる方がおられます。「ホスピタリティー」という言葉の説明が今日ありました。日本語でもカタカナのホスピタリティーというのはもてなしの心です。それが転じてホスピタル、病院になったのですが、そういう思いがあふれる言葉です。

最初の朗読で聖パウロがこの聖ルカについて書き残しています。聖書の中に本人が登場するのはごくわずかな箇所なのですが、テモテへの手紙の中で「ルカだけがわたしのところにいます」（二テモテ四・十一）といって、聖ルカが聖パウロに忠実に仕えていたことを私たちに伝えています。他のいろいろな人は裏切ったけれども、彼は付いて来てくれたと。けれども、これもまた不思議ですよね。聖パウロは神様からわざわざ選ばれて使徒にされたけれども、その聖パウロを裏切っていく者が多かった、ということです。本当に寂しく取り残された。けれども、聖パウロが今日の朗読箇所の最後に言っていました。「主はわたしのそばにいて、力づけてくださいました」（同十七）と。聖パウロにはこの確信があったのでしょう。

私たちも、こうして巡礼路を歩くときに、自分一人では歩いていないということがよく分かります。ガイドさんがいて準備をしてくださる。旅行社の方もいて、そしてお互いにそれぞれできる範囲で助け合って、そうして歩いて行く。たった一人ではないというのがよく分かります。私たちも人生の中で、最後の最後は一人で死んでいくしかないわけです。けれども、そういう時にも、主は私のそばにいて力づけてくださると言うことができれば、それはいろいろな人を介してかもしれませんけれども、神様が私たちを力づけてくださるという信仰を持てれば、素晴らしいと思います。

今日のごミサは聖ルカの取り次ぎで捧げますが、続けて中東の平和のために本当に祈りたいと思います。ガザが今侵攻の危機にあるわけです。ガザというところにもカトリック教会がひとつだけあるそうです。その教会や、マザーテレサが創った神の愛の宣教者会のシスターたち、病院をアテンドしているシスターたちもいるそうです。そのシスターたちは避難を勧められています。イスラエルがこれから攻めて来るので、民間人は逃げてください、と。けれども、シスターたちはそれを拒否しているのだそうです。私たちは残ります、と。私たちが手助けをしている人たちが残っているのだから、私たちも残ります、と。そういう究極の選択の状態にいる人もいる中で、私たちは本当に恵まれていると言いますか、違う状況の中で過ごしていますけれども、そのような人たちのことを忘れないで、せめて私たちにできる、このミサの中で祈るという本当にささやかなことではありますけれども、それを通して何か助けになればと思います。そういう思いを込めながら、今日の聖ルカの祝日のごミサを捧げましょう。

＊この日の途中で「五十七．五五一キロメートル」のモホンを通過。私たちの歩く百十五キロメートルの半分を通過しました。この日は雨が途中でほぼあがり、晴れ間が見え始めると、途端に元気を回復して歩き続けることができました。マイペースで歩き、同じペースの人たちとお店に立ち寄る（そしてトイレを借りる…）ことにも慣れ、巡礼を楽しむことができるようになってきました。

メリデのホテルに着くと、サンティアゴ・デ・コンポステーラに住んでいるイスコ神父が仕事を終えて立ち寄ってくれ、スペイン風にバンバンとハグ（スペイン語でアブラソ）をして旧交を温めることができました。彼とはローマで2年間共に過ごしましたが、陽気で冗談好き。学生時代に留学生から教えてもらって覚えた唯一の日本語を、日本人だと分かると誰にでも大声で声をかけていました。「イツカ、ビールノミニ、イコウカ？」

今回もそう言われました。

十月十八日聖ルカの祝日、メリデにて

山邉裕一　横浜市（都筑教会）

「少し劇的な言い方をすれば、私たちが生まれる前から、私たちがこの日ここでごミサに与かることを神様はご存知であった」

贅沢な旅でした。毎日好きな『歩き』をして、司教さまのごミサに与かる。スペインの地を踏むまでは、家族やこれまで世話になった方々への感謝のため一日一日祈り歩くことを、この巡礼の目的と決めていました。もちろん実際そうして歩き始めていたのですが、徒歩巡礼三日目を終えたこの日のミサ説教を聞いたときに、この巡礼団の仲間と歩くことこそが何よりのお恵みと気付いたのです。

　夕食の際の、皆さまからのハッピーバースデイの歌声、本当に素晴らしいハーモニー、阪急さんからいただいたTシャツも、決して忘れることはない人生最良の日の一つになったと思います。

　サンティアゴまでの道は一先ず終えたけれど、私たちの道はまだ続いている。是非また皆さまとともに歩きたい。いえ、今も一緒に歩いている、そう感じているのです。

芋、タコ、ビール、そして日の丸

橘有香　西宮市（夙川教会）

　今回の巡礼で神様はたくさんのプレゼントをくださいました。

　歩くのは何とかなるかな、と思って巡礼に参加しましたが連日の雨とぬかるみの道。でもそのおかげで晴れ間の美しさと日の光を感じる喜びを知りました。「ぬかるみにも負けず頑張って歩けた足をくださって神様ありがとうございます」と心から思いました。

　そして歩いてたどり着いたバルでの美味しい芋、タコ、ビール。「神様こんなに美味しい芋、タコ、ビールをありがとうございます」と、心から思いました。

　事情（たちばなる、という単語を作っていただきました）で何度か離脱することがあり、一人で歩く山道の前方の皆様のリュックに小さな日の丸を見つけてとても嬉しくなりました。白地に赤い丸、シンプルで遠くからでもすぐ分かる日本の国旗。「司教様、国旗をありがとうございます」と、心から思いました。

　歩きながらのいろいろな方の楽しいお話しや綺麗な星空、晴れ間の虹。良い物をたくさんトランクに詰めて帰路につきました。ほんとうにほんとうに「ありがとうございます」がいっぱいの旅でした。

巡礼第七日目　十月十九日
メリデ〜アルスーア

第7日目動画

アルスーアのホテル・スイサでのミサ説教

福音書では毎日、イエス様がファリサイ派の人たちに対してすごく怒る場面が出てきます。今、この新共同訳では「あなたたちは不幸だ」（ルカ十一・四十七）と言いますけれども、ラテン語では有名なvae vobis、つまり昔の訳だと、とんでもない（「呪われよ」）、排斥されるとか、そういう訳し方がされていました。イエス様がそこまでファリサイ派の人たちに対して厳しく言ったと、今日の福音書にもあります。彼らは非常に厳しい律法の行いを人々に求めていたのですけれども、自分たちさえもなかなか実行できないことでした。そのように神様への道を狭くしてしまったことを、イエス様が非難されたということでしょう。

第一朗読では、ローマの教会への手紙がずっと読まれています。聖パウロはこのローマの教会への手紙、長くて詳しい手紙を書いたのですが、この手紙を書いたときには彼はまだローマに行ったことがありませんでした。いずれ自分が行くだろう前に、ローマの教会の信徒たちのために手紙を書きました。ローマの教会はおもに、ユダヤ教からの改宗者が中心ではありましたが、異邦人からの改宗者がだんだんと増えてきた時代でした。ですから、律法というユダヤ教の人たちが一番大事にしていたことよりも、キリストへの信仰が大切だと訴えました。

私たちもキリスト教を信じていますが、それはキリストを信じるということです。あなたたちにとって一番大切なのは何ですか、と言われれば、神様と言えるかもしれませんが、あなたたちにとって一番大切な人は誰ですか、と言われると、イエス・キリストである、と答えるべきです。もちろん、家族であるとか、自分の肉親の者が当然この世では大切でしょうが、イエス・キリストそのものを私たちが信じ、ついて行くということです。それは、さかのぼれば、イエス・キリストが私たち一人ひとりのことを考えて、十字架上で亡くなってくださったのだから、と

いうことです。

　今日は突然、こういう形でごミサをすることになりましたが、持ってきているストラが赤色しかなかったのですが、聖霊の炎の色ということで、聖霊に助けを願いながらごミサをお捧げしようと思います。今日も、偶然と言いますか、普段は閉じていた教会が開いていたということが続けてあったりしました。お天気もころころ変わりましたし、最後の最後にミサを予定していたところでできなかったりしました。スペイン語のことわざで、Hombre propone, Dios diesponeというものがあります。人間は計画をするが、神様はそれをくつがえす、別の形でかなえられるという意味です。私たち人間は計画をするべきですが、計画した通りにはなかなかいかないこともある。けれども、それをどのように受け取るかということです。今日もいろいろなことがありましたが、それを信仰を持つ者としてとらえることができればと思います。

　神様についてのいろいろな知識をどう活かして生きるかということが大切です。先ほどもちらっと見かけましたが、小さな子どもが傘をさしてお母さんと歩いていましたね。ある時、幼稚園の子どもが傘をさして、私たちが来ていたようなレインコートを着ていました。考えてみれば、私もこうしてレインコートを毎日雨の中で着るというのは、幼稚園の時以来かもしれません。その幼稚園の子が、お母さんからレインコートを着せられて傘を持って歩いている中で、「ぼくもうレインコートじゃなくって、傘だけで大丈夫だよ」。そう一生懸命言っていました。幼稚園の子どもですから、濡れないようにレインコートを着せますよね。でも、その子はもう自分は傘をさせると言い張っていました。しかも、「もうぼくは大人のさし方ができるよ」と…。肩に立てかけるのではなくて、ちゃんと手で持った傘をお母さんに一生懸命アピールしていました。
　私たちもイエス様のいろいろな教えを習ってきましたが、それをどれだけ実行できるかということが試されます。この巡礼旅行の中でお互いに、感情的にはむずかしいことも出てきます。しかしながら、それを私たちが、信仰を生きる者として、何とかそのような感情を乗り越えて、生きるべき生き方をしていくことです。そういう生き方ができれば、それがまさに行いによる信仰であり、イエス・キリストへの信仰の表し方だと思います。そういう思いを込めて、ごミサをお捧げいたしましょう。

＊巡礼証明書を手に入れるために、毎日二か所以上で巡礼手帳にスタンプを押してもらいます。役所やアルベルゲ（宿泊所）やホテル、レストランやバルには必ずあるので、どんどんと増えていきます。とはいえ、道中の教会はほとんどが司祭が住んでいない無人教会なので、ボランティアの人が開けてくれているタイミングでないと、入ることもスタンプを押してもらうことも不可能。巡礼者のために無報酬で奉仕してくださるボランティアの方々のなんと多いこと！

この日、大雨のメリデから少し歩いたところの聖マリア教会では、普段は山岳消防隊で働いているというボランティアの青年が世話をしてくれていました。何か国語もの「説明ガイド」を持っていて、日本語でも一生懸命話しかけてくれました。一同の写真も撮ってくれ、教会の外まで小さな鐘を鳴らしながら見送ってくれました。

到着したアルスーアの教会でミサの予定でしたが、葬儀ミサが入ったのでやむを得ずホテルのホールでミサをすることに…。こういうこともあろうかと念のために一回分だけ持参していたホスチアを使って、雷雨の庭を背景のミサとなりましたが、趣深いミサとなりました。

教会とミサと

四倉千鶴子　大津市（大津教会）

穏やかな緑の斜面が幾重にも続き、時折建物と黒い点の集まりが見える景色を又見たいと願って、四年が経ち、今回その願いが叶いました。黒い点は牛や馬や羊の群れで、幸せそうにゆったり過ごしています。

サンティアゴ・デ・コンポステーラへ向かう道は、四回歩きましたが、ポルトマリンの移築された教会も、メリデの聖マリア教会も外観だけの見学でした。今回は中に入れたばかりか、ごミサがあり、祈ることができました。その上、観光では訪れない、司教様のご友人の神父様が居られる教会も各地で訪れて、ミサがありました。司教様は神父様方との再会を喜ばれる間もなく、毎日そこでミサをされている様に、静かに司式されていました。又、到着が少し遅れ、目的の教会へ行くと、お通夜があるということで、急遽ホテルへ戻り、レストランのテーブルに白布をかけ、葡萄酒と水、ローソクを揃え、司教様が持参されていた一つのパンでミサが行われました。特に誰も慌てるほどのこともなく、ミサが行われたのも印象的でした。そして、マドリードの広い空港になんとチャペルがあり、ミサがありました。

この、幸せな日々を下さった神様に感謝し、色々準備や助けをくださった方々にお礼を申し上げます。

一歩一歩かみしめて歩いた道

福永恵　神戸市（三田教会）

サンティアゴ巡礼を知ったのは、映画「星の旅人たち」です。それからＮＨＫのテレビで何度か見る機会があり、行ってみたい！歩いてみたい！巡礼！と思っていました。

長い時間が流れましたが、六月半ばに教会の受付で「酒井司教と行くサンティアゴ・デ・コンポステーラ」のチラシが目に入り実現となりました。

マドリードの空港に着いた時からわくわくする私でした。ブルゴスまでの教会巡り、神様を讃える信仰に心震えました。いよいよ歩いての巡礼が始まりました。毎日できるだけ丁寧に歩こう。歩く道、木のトンネル、広がる空、見渡す景色、牛、馬、にわとり、遠くの山、アジサイ、小さな花、栗、りんご…、すれちがう巡礼者「Buen camino！」。ひたすら歩きました。一歩一歩かみしめて…。サンティアゴ大聖堂に到着した時は心震えていました。感動！で。

これからも人生は続きます。毎日毎日の出来事、出会いに、感謝と感動を思いめぐらし、大切に又日々を重ねていきます。
サンティアゴ巡礼の時は心の中で輝いています。

妹と歩けたCamino

瀬尾真理　神戸市（北須磨教会）

巡礼の前の練習の時に転倒してしまい、やっぱりこの巡礼に行くのは私には無理な望みだったのではと迷いながらの参加でした。出発の日、関空でまだ名前すら覚えていないメンバーの方々が私の参加を喜んで下さったのです。

こうして始まった巡礼の旅は妹と歩けるのも大きな喜びでした。と言っても一緒にあるいたのは所々でした。しばらく一緒に歩を進めても彼女との差が付き気が付くと大分先を進んでいました。私はほとんどいつも最後を、それでも頑張って歩きました。山邉さんが「自分のペースでいいですよ巡礼だから」と言って励まして下さいました。時々大切な時間を頂いて話したりも出来ました。

妹は途中で私を待っていてくれる時は「私も少し休みたいから」と私に気を使わさないように調整してくれていました。やっとオブラドイロ広場に着いた時も、先に着いていた彼女が「歩けたね」と特別ではなく普通に寄って来てくれました。二人で喜べたのは幸せでした。

司教様がミサの中のお話で、「私達が今ここに来て祈っています。これは何千年も前から決まっていたのです」と話された時、心の中にすとーんと入ってきました。「そう私がここに居るのはあなたの計画です」と祈る事が出来ました。

今回の私の目的は自分の人生のcaminoの振り返りでした。夫が「行ってきたら」と言ってくれた一言から始まり大切な時間が与えられました。

もう一つ大切な思い出は帰宅した時、目に入った我が家のカレンダーです。夫は私の出掛けた日から十三のカウントダウンをして待ってくれていました。優しいいつもの笑顔で見送られた私は気がついていませんでした。「待ってくれている人がいる」という大切なことに…。今二人の静かな生活は当たり前ではないということに気が付かせてもらった夫に感謝です。

巡礼第八日目　十月二十日
アルスーア〜ペドロウソ

第8日目動画

ペドロウソのサンタ・エウラリア・アルカ教会でのミサ説教

いよいよサンティアゴへと歩く巡礼の道も明日一日となりました。神様への感謝のうちにこの巡礼を続けていますが、今日もいろいろなことがありました。どれぐらい神様に感謝できたかということが問われます。

ご存じのように、私は毎日YouTubeに動画をアップしていますが、同じような経験をされた方もおられるかもしれませんが、ああいうことをすると、もちろん直接感謝をされることもありますが、基本的には感謝よりも文句の方が多いです。今日も実際、皆さんもご存じのようにそれがありました。載せるのが当たり前なので、載せなかったらなぜ載せないのか、なぜまだ載せないのか、どうなっているのか、みたいな文句がよくあります。皆さん期待してくださっているからなので、それは素晴らしいことですが、遅れると文句が届きます。けれども、こちらにも事情があるわけです。やりたかったけれどもできなかった…という事情があったわけです。

神様に対してもまさに同じで、私たちはよく「なんで神様はこんなことを…」と言います。けれども、神様にも事情があるでしょう。私たちなどには絶対分からない、説明されても分からない、説明できないことがたくさんあるはずです。その点を理解していないところに、私たちが十分に神様に感謝をしていない原因があるのかもしれません。

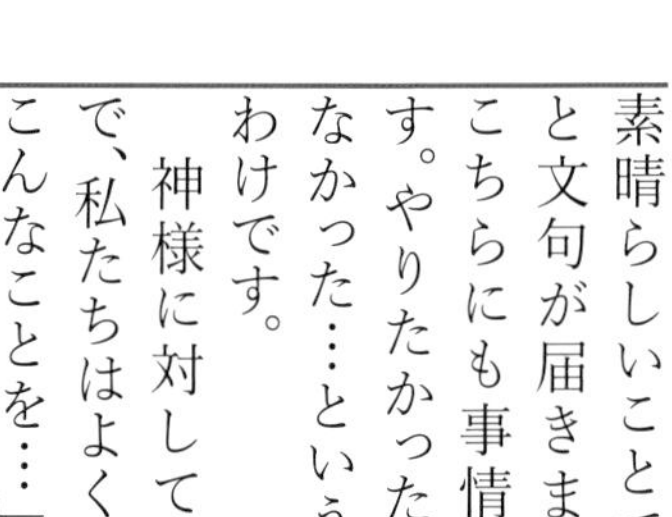

先ほどの福音書の一番最後に、イエス様がいろいろな信頼について語られて、「恐れるな。あなたがたは、たくさんの雀よりもはるかにまさっている」（ルカ十二・七）と言われました。イエス様は「恐れるな」という言葉をたびたび繰り返されています。いろいろなことで私たちは心配をしますが、「恐れるな」と言われる。何よりも神様が人となってくださったこと、その一つをとっても、私は神様のみ旨を恐れることはない。

こうして巡礼をしている間、少し考えていました。良い景色もありますが、皆さんもよくご存じのよう

に、私たちにとってあまり好ましくない臭いがするときがあります。農家で牛とか家畜を飼っているそばを通ると、どうしても臭いがします。私たちはそういう臭いがなければ良いと思います。また、ホテルもそれぞれのホテルによって良いところとちょっと不便なところが必ずあります。部屋によっても差があったりする。私たちは選べるのであれば、やっぱりお金も払っているし、ちゃんとしたところに泊まりたいと思います。

そういうことを考えていると、神様が自分の子どもをこの世に送られるときに、今から二千年前を選ばれた。少なくとも今と比べたら全然便利ではない時代です。まさに、車もない、自転車もない、電車もない、バスもない、どこに行くのも歩いて行かないといけない。私

たちもだいぶん歩き慣れました。今日もお昼ごはんを食べてから「あと四キロメートルだけ」って言いましたよね。普段の生活の中で四キロメートル歩けと言われたら、絶対行かないです。イエス様の時代、イエス様は歩かなくてはなりませんでしたが、そういう時代を選ばれた。イエス様は馬小屋で生まれました。馬小屋というと私たちはクリスマスの馬小屋をイメージしますけれども、きれいで、星が飾ってあって…、いやいや、馬小屋は馬小屋です。家畜小屋です。当然臭いもしたでしょうし、床がきれいなわけでもないでしょうし、いろいろなものがあったでしょう。そこを神様は選ばれた。その意味を私たちはやはり考えないといけないでしょう。それを考えるのが、待降節であり、クリスマスであり、イエス様の受肉ということです。

いろいろなことを考えながら歩いて行くこの巡礼の道のりも、いよいよ明日一日となりました。八百キロメートル以上を歩く人たちもいらっしゃる中で、私たちはわずか百キロメートルに過ぎませんけれども、共に歩いています。イエス様がなぜその時代を選ばれたのかを考えると、おそらくどこに行くにも歩いて行かないといけない、つまり普通は誰かと行かないといけない、誰かと出会う、誰かと話をしながら歩く。便利な時代ではなくて、そんな時代を神様は選ばれたのかもしれません。そういうことを、これから私たちが大事にしていこうと、しっかり心にとどめるための巡礼かもしれません。

そういう思いを込め、感謝のごミサを捧げましょう。そして引き続き全世界が注目をしている中東の一日も早い平和の実現のために共に祈りたいと思います。

＊この日は、薄暗い夜明けごろに、雨の降りしきる山の中を歩き始めました。

足元が悪いと言えば、道中に二度こっぴどくけつまずきました。道中と言っても道ではなく、バスの乗り降りの際。二足持っていった靴のうち、軽いトレッキング用の方ではなく、軽登山用の雨に強い靴を主に使っていました。頑丈なのは良いのですが、普段の靴よりもかかと部分が高いので、段差で引っかけるのに注意しないと…と思っていたところ、案の定バスに乗る際に運転手のミゲルさんに「Hola, Miguelミゲルさん、こんにちは」と言って

一段目でけつまずき、運転席に頭から突っ込みました…。また、アルスアのホテルに着いて降りる際に、今度は最後の一段を踏み外してバスの外に転げ落ちてしまいました…。幸いかすり傷ひとつ負わなかった（守護の天使に感謝！）のですが、それ以来ミゲルさんは、私がバスを乗り降りするたびに、「Padre, cuidao, cuidao…司教さん、気を付けて、気を付けて…」と言ってくれました。寡黙だけれども、とても親切な運転手さんでした。

この日は雨の中を出発しましたが、途中から晴れて、爽快な秋の道中となりました。巨大なホタテ貝（サンティアゴ巡礼のシンボル）のデザインで有名なサンタ・エウラリア・アルカ教会でごミサができたのは、いい思い出となりました。

通じ合う心

山下明子　京都市（河原町教会）

巡礼路を歩き始めると、当たり前のことですが、黄色の矢印を目印に、同じ目的地を目指して歩いている人が多いことにびっくりしました。巡礼が始まる前に「Buen camino」と言う言葉を教えてもらいました。言葉が分からなくても、道ですれ違う人、お店の人、誰とでもその言葉を挨拶代わりに使います。その言葉を聞いたり、言ったりするだけで、なぜか心温まる不思議な言葉でした。

今回の巡礼では国を超えたたくさんの出会いがありました。巡礼手帳のスタンプを貰うのに並んでいる間、コインランドリーのなか、地元の人たちなど……。少しの時間で、つたないスペイン語で話せたことがとても楽しかったし、巡礼を通して心が通じ合った気がしました。

次のカミーノでは一緒に歩ける巡礼仲間と巡り会えたら良いなと思います。

迷子

宝来陽子　池田市（箕面教会）

私たちの周りに人がいなくなったのに突然気付いた。目の前には、細い一本の道がくねくねと遠く遥かな森に吸い込まれているだけだった。傍らの友と目を合わせた。目的地へはあとわずか、巡礼者の数も増え、たまさか聞こえてくる鶏の鳴き声と牛が草をはむ風景画のようなガリシアの小さな村々を、おしゃべりに夢中になって歩いていた矢先の事だった。

音が消えてしまった時間に押しつぶされそうになりつつ、巡礼路を外れていない事を願いつつ、沈黙のうちに歩を進めていた時、庭の樹の手入れをしているとおぼしき男性が目に飛び込んで来た。彼らにとって、自分の村をひたすら歩き続ける人たちの行先はひとつしかない。私たちの必死な無言の問いかけに対して、「あっち」と指さす。ああ、引き返しか。念のために「サンティアゴ・デ・コンポステーラ」（唯一の共通言語）と叫んだところ、はいはい、とばかりのジェスチャーでもって又、「戻れ」の方向を示す。この巡礼の旅の心強いガリシア州公認観光ガイドのH氏から耳にタコが出来る程言われた事は、「道に迷ったら、一つ前の標識（モホン）に戻ること」。その言いつけを遵守し、見逃した標識に出会った時の安堵。そして皆のいる休憩場所に合流出来た時の嬉しさ。彼らのテーブルから漂うスープや烏賊の揚げ物の匂い。

旅の終わりに、この旅の縁の下の力持ちであるT氏から、「あなた達、しばらく姿が見えませんでしたねえ～　何かあったんですかね～」と笑顔で突っ込まれ、「あ、ばれたのか」と苦笑したものの、あの迷子になって切り取られた空白の時間は、私の人生最初の巡礼の旅における「秘密の花園」として、いつまでも心の片隅に居続けるであろうと思う。

巡礼第九日目　十月二十二日 ペドロウソ～サンティアゴ・デ・コンポステーラ

第9日目動画

サンティアゴ・デ・コンポステーラの聖十字架司祭会のセンターでのミサ説教

　最初の朗読では、アブラハムの信仰について語られました。「彼は希望するすべもなかったときに、なおも望みを抱いて、信じ」（ローマ四・十八）とあります。彼と比べることはできませんが、私たち皆、日本を発つときに、果たして百十五キロメートルの道を無事に歩きとおせるか、最後までたどり着けるかということの不安が大きかったと思います。けれども、本当にたくさんの人たちの支えのお陰で、こうして全員がそろうことができました。最後の最後までハプニングがあって、いろいろな人にご迷惑はかけたと思いますが、こうして最後の感謝のミサに与ることができました。この場所も、いろいろと手配があったのですが、こうして貸していただくことができました。私はオプス・デイに属していますので、こうして聖ホセマリアに導かれてこの小聖堂で最後のごミサができるということに感謝しています。

　福音書ではイエス様が、様々なことに触れた中で、聖霊について触れています。「聖霊を冒涜する者は赦されない」（ルカ十二・十）、あるいは「言うべきことは、聖霊がそのときに教えてくださる」（同十二）と言われています。聖霊の導きというものは、ささやきのように、風のように、と言われます。私たちにとってはそれをすべて聴き取って、しかもそれをまた実行するというのは、なかなか難しいところです。聖霊のささやきを聴き取るということは難しいです。

　巡礼の間、私もいろいろな人といろいろな話をする機会があり、本当に素晴らしい、貴重な体験でした。同時に、私なりに少し沈黙で祈りながら歩く時間も大切にしてきました。もちろん十分ではないと思いますが…。というのは、当たり前ですが、黙らないと聞けません。両方できる人もいるかも知れませんけれども、普通は黙らないとちゃんと聞けない。自分がしゃべっている間は聞くことはなかなかできません。神様の、聖霊の勧め、聖霊の言葉を聞こうと思うと、やはり神の

前で黙らないといけない。神の前で黙るというのは、必ずしも沈黙を意味しません。たとえば、先ほど私たちが聖歌を歌ったように、聖歌を歌うということによって、確かに私たちは聖霊に力づけられる、そういうことがよくあります。ですから、一概に黙っていれば良いというものでもない。そこは、私たちそれぞれがこれからも努めていかなければいけないでしょう。けれども、神様を前に沈黙するのか、何か言葉を言うのか、それによって、聖霊の言葉が返って来るのだと思います。

少し前に、ある川柳を見ました。川柳ですから、ユーモアとして理解するしかありませんが、皆さん、SDG'sって知っていますか。持続可能な目標というものです。十七項目、さらにそこから細分化されています。その川柳は「永遠に持続可能な妻の愚痴」というものでした。(笑)もちろん私が作ったのではありません。妻に限らず人間の愚痴というものはそうでしょう。けれども、本当に永遠に持続すべきは、神様に対する感謝であり、神様が私たちに語りたいことを聴き取ることだと思います。

旅の途上でいろいろなことを目にしましたが、アルスーアから出てしばらく行ったところの小さなカフェに寄ったときに、そこに巡礼者のためのことわざ集が貼ってありました。三十三のことわざがありました。よく聞くようなものもありました。信仰と希望よりもまず愛徳を実践すべきであるとか、ゆるしの秘跡に与ってちゃんと痛悔しなければいけないとか、巡礼者に対することわざでした。一番最初にあったもの、一番目は、一番重要かどうかは私には分かりませんが、最初にあったのは、次のようなスペイン語のことわざでした。「Un peregrino sin buen humor, es como un mundo sin color. ユーモアがない巡礼者は色のない世界と同じである」。面白いですね。巡礼者にとって何が大事か、ユーモアであるというのです。ユーモアと言いますか、微笑みと言っても良いでしょう。平和な心と言っても良い。ガイドの堀さんが言っていたように、ひたすら地面だけを見て歩くことだけ…というのではなくて、私たちがしたように、お互いに会話を楽しみながら、いろいろな楽しいことをしながら歩くこと。笑い声もありましたよね、大きな声で笑いながら歩くこともま

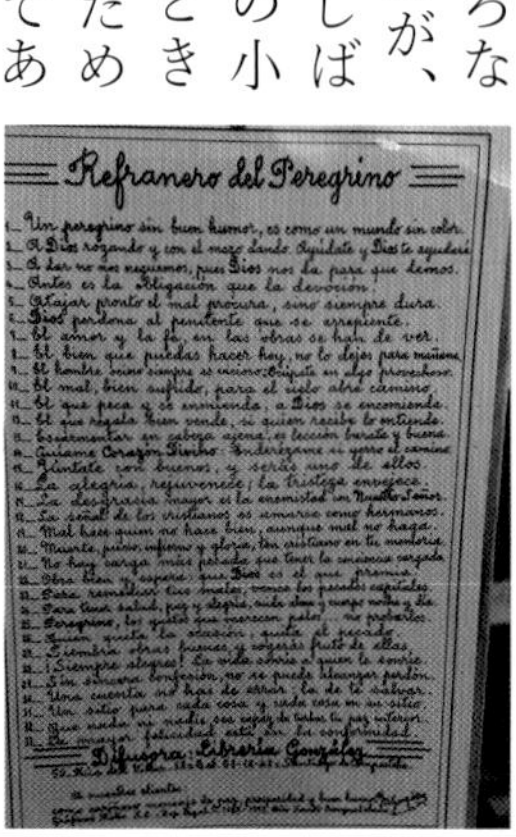

た、本当の意味で巡礼者に求められるものでしょう。そして、それはまた私たちのこれからの人生という巡礼の旅路にあっても、一番大事なものかもしれません。

教皇フランシスコは、聖人というのはしかめっ面ではなくて、ユーモアのあるのが聖人であると、よく言われます。それが神様への信頼から、今日の第一朗読で読んだような神様への信仰、お互いに支えてくれる人がいるという恵み、そして聖霊がいざとなったら助けてくれるという、そういうことの重なりから生まれるものでしょう。

天正遣欧使節がヨーロッパに来て日本に帰った後、「私たちはローマを見てきた者である」ということを誇りに思って、四人のうちの三人は殉教しました。私たちもまた、サンティアゴの巡礼路を歩いたということを、良い意味で誇りに思って良い。けれども、それは私たちの責任でもある。サンティアゴの道を歩きとおした者としての責任と自覚をもって、これからを生きていくことができるように聖霊に助けを願いましょう。

＊巡礼の後半に入った頃にガイドの堀さんが、「ここまでは、モホンを見るたびに残りの距離がなかなか減らないと感じたと思いますが、これからは、特に最後の二日ほどは、どんどんと短くなる距離が名残惜しく感じるようになってきます」と言われていた通りに感じました。徒歩巡礼最後の区間の二十キロメートルの一歩一歩は、くたくたに疲れた足にはきつくても、いよいよ最後の一日、もうこれで徒歩巡礼が終わってしまう…というなんとも言えない寂しさに襲われながらの歩みでした。

雨が降り続いた六日間の最終日は、雨上りの澄み切った空気の中を歩く日となり、歓喜の丘からはくっきりと大聖堂の三本の鐘楼を見ることができました。サンティアゴ・デ・コンポステーラの町に入り、旧市街を抜けて、ついに大聖堂前のオブラレイロ広場に到着…。スタンプを押し続けた巡礼手帳（クレデンシアル）を事務所に提出して、全員、巡礼証明書を発行していただきました。この日のミサは、オプス・デイが教区司祭の生涯養成のために設立した聖十字架の司祭会の活動拠点の小聖堂を借りて行いました。疲れはピークのはずなのに、ミサ後の写真の皆さんの表情のなんと恵み深い顔立ちのこと！

Buen camino

松尾美智子　京都市

Camino de Santiagoを初めて知ったのは十年以上前、友人が一人で三回に分けて歩ききった話を聞いた時。それ以来、いつか行きたい！と思っていたのが今回やっと実現しました。

大好きなブナ林を期待していたのですが、多く目にしたのは成長が速いと植林されたユーカリ林でした。ぬかるみや牛の落とし物に注意して下ばかり見て歩いていた雨の後、見上げると逞しいユーカリの木々が青空に聳えていて、重くなった足にエネルギーを与えてくれました。

サンチアゴの街に司教様が日の丸を担いで入られると、バルの外席に座る人達から大きな拍手と歓声が上がり、喜びと共に誇らしい気持ちになりました。

一番の感動は、やはりボタフメイロ。神父様が私達の巡礼に言及してくださり、メイちゃんが聖書朗読、酒井司教様がスペイン語、英語、日本語でミサを行われ、ボタフメイロの動きと香りの中に居る、という現実とは思えない状況に涙が込み上げて来ました。

そして一番楽しかったのが皆さんと一緒に歩いたこと。個性豊かで心優しい皆さんと一緒だったからゴール出来たと、本当に感謝しています。

最終日の奇跡

野本和子　西宮市（夙川教会）

十月二十一日、巡礼路を歩く最終日は、行く先々で様々な思いがこみ上げる一日となりました。

真冬の寒さの中、ペドロウソを出発。先ずは「歓喜の丘」を目指します。朝靄が立ちこめる草原も、高い木々の間から空が見える気持ちのよい雑木林も、一番苦手だっただらだらと続く上り坂さえも、今日が最後かと思うと名残惜しく愛おしく思えます。

そして、歓喜の丘に立つ二人の巡礼者の像は、想像以上に大きくて大迫力。ついに実物が目の前にあるという不思議を味わいました。ここから大聖堂まであと四キロ、ガイドの堀さんの、最後は出来るだけ皆そろって歩けたらというゆったりした歩調が、はやる気持ちを落ち着かせてくれました。

サンチャゴの街に入ると、司教様が大きな日の丸の旗をかざして歩かれ、カフェにいる人たちが拍手してくれる場面も。巡礼団の一員として

何とも嬉しい誇らしい体験でした。

そして、いよいよ大聖堂前のオブラドイロ広場に到着。自分がもっと浮かれた気持ちになるかと思いきや、感動が心の底から静かに湧いてきて、これまで味わったことのない達成感に浸っていました。広場の端にある石のベンチに腰掛けていると、第一日目のミサで司教様がお話し下さった「小さな奇跡」のことが浮かんできました。こんな長距離を完歩できるはずがないと思っていた私にも、神様が奇跡を用意して下さっていたのです。まさに「サンチャゴの奇跡」と呼べるこの大きなお恵みを心静かに喜びつつ、ここまで導いてくれた全ての人たちへの感謝の気持ちでいっぱいになって、大聖堂の塔を眺めながらずっとこのままここに坐っていたいと思ったことでした。

巡礼第十日目　十月二十二日
サンティアゴ・デ・コンポステーラとフィステーラ

第10日目動画

＊十月も下旬に入ったこともあり、幸いに大聖堂での主日九時半のミサのためには、危惧したように行列にならぶこともなくすんなりと入れました。主任のホセ・フェルナンデス・ラゴ神父様との共同司式でしたが、長く神学校で聖書を教えていたという博識あるベテラン司祭でありながら、とてもきさくで親切で、「あなたのグループにスペイン語を読める人がいるなら、ミサの朗読をお願いしたら」と勧めてくださったり、「どうせなら、私がスペイン語で説教をするから、あなたが英語と日本語でしたら」と言ってくださったりで、私たちのグループにとっても想い出深いミサとなりました。ミサの録画はご法度ということで、動画にミサの様子を含めることはかなわなかったのが少し残念。

　何より皆さんが楽しみにしていたボタフメイロ（大きな香炉での献香）！炭に香を入れる役目をさせていただき、数十数回往復する香炉を文字通り目と鼻の先で味わう（嗅ぎわう？）ことができました。

　ミサ後は、イベリア半島最西端のフィステーラへバスで。意欲満々で郷土愛のあふれる現地スペイン人ガイドのカルロスさんの案内で、巡礼者たちが旅のしめくくりに見渡した大西洋の地平線を見ることができました。

ボタフメイロ

山下文　大阪市(玉造教会)

酒井司教様が最初に発信された「巡礼の旅へのお誘い」の手紙には「さまざまな出会いが人を変える」とありました。「ボタフメイロ」の体験は感動的で、私にとっては四次元の出会いでした。信仰に導かれた過酷な巡礼の先にたどり着いたこの大聖堂で、香の恵みを受け、心新たに帰途につく・・当然便利な飛行機や乗り物もなく再び歩いて帰る先人たちに思いを馳せずにはいられませんでした。

この旅から帰って周囲の人に口をそろえて言われたことは二つ、一つは「次どこに行くの?」もう一つは「何か変わった?」です。

一つ目の答えは「え～まだ余韻に浸ってるのに・・韓国かな(元々韓国マニアな私)」。

そして二つ目ですが、出かける目的地まで二キロメートル位なら「歩いて三十分くらいで行けるか…じゃ歩こうか…」と以前より歩く意識が確実に高まったことです。百十五キロメートルを歩き、その楽しさやしんどさを味わい、自分の身体の声と出会えたことは嬉しい成果でした。この巡礼でのすべての出会い、神に感謝です。

朗読、そしてブエンカミーノ!

山下紀子　京都市(河原町教会)

サンティアゴ巡礼では沢山の思い出を頂きました。中でも一番の思い出は、サンティアゴ・デ・コンポステーラ大聖堂で娘が朗読をさせて頂いた事だと思っております。司教様から朗読のお話を頂いたと娘から聞いた私は、まるで自分の事のような(今思えばそれ以上?)緊張で胸一杯になっておりました。まだまだ未熟なスペイン語で、しかもカトリック三大聖地のこの場所で…と。

そんな中、せめて声の録音をされたらどうかと教えてくださる方や、ミサ終了後には、良かったよとお声掛けをしてくださる方。写真を映してくださった方。多くの素晴らしい旅のお仲間に恵まれたと、娘の朗読を通して、神様からの本当に沢山のお恵みを実感出来た時でした。

「カミーノ」は「道」という意味の単語だと巡礼中に知りました。とすると、巡礼の道中で交わす「ブエンカミーノ!」は、「良い道を!」という意味なのだなと思います。サンチャゴ巡礼は、これからの道の始まりなのかもしれません。神様と共に歩いたその始まりの道を、素晴らしいお仲間とご一緒に歩き、祈り、味わえた事も、私にとってはとても大切な思い出です。

皆様、ありがとうございました。

ボタフメイロ、そして仲間たち

山元久代　大津市（大津教会）

ずーっと憧れていたサンティアゴ巡礼でした。三回の歩こう会、お忙しい司教様が私達の為にしっかりと下見をしていて下さいました。もうこの時から巡礼は始まっていたのですね。日曜信者の私でも神様は呼んで下さったのでしょうか？私が参加される方々を見ていると申し訳ない気持ちでした。一番感動したのは聖ヤコボ大聖堂での主日ミサでした。

誰もが訪れて見たいと思っている大聖堂での司教様と聖ヤコボ教会の神父様との司式によるミサ、明ちゃんのスペイン語での朗読、嬉しく、誇らしく思いました。そしてボタフメイロの儀式。手の届きそうな頭上を行き来する香炉とパイプオルガンの響きに今日までの巡礼の日々を思い涙があふれそうになりました。

マドリードのアルムデナ大聖堂のご聖体の小聖堂でのミサのお説教で、関空での奇跡の事や私達は忘れたりミスをしたりするが人間の力（神様の力もあるかもしれないが）で事を上手く納めようとする。そして我が事のようにお互いカバーする。許し合いながら行きましょうといわれました。少し記憶が曖昧ですが、最後のミサでもそのようなお話がありました。私もこの度の巡礼中に沢山ミスをしたりしてご迷惑をお掛けしましたがカバーして頂き、お許しを頂き、素晴らしい感動の巡礼になりました。自分に与えられた課題は頂いたお恵みを多くの人に分ける事、そして人間としてどう変われるかだと思います。

仲良くして下さった酒井司教様とともに聖地サンティアゴ・デ・コンポステーラへ巡礼路を歩く十三日間の巡礼仲間の皆様、これからも宜しくお願い致します。

巡礼第十一～十二日目
十月二十三～二十四日
サンティアゴ・デ・コンポステーラ～日本

第10-11日目動画

マドリード、バラハス空港内チャペルでのミサ説教

第一朗読で神への信仰について、今週ずっと読まれているアブラハムの信仰を神が喜ばれるという話が読まれました。そして、答唱詩編では、そのような旧約の時代の人たちの信仰をたたえる詩編が歌われましたが、私たちの今の心境に一番合った典礼聖歌であったかもしれません。「わたしの心は神のうちに喜び、その救いに喜びおどる」（典礼聖歌一七七番）。いろいろなことがありましたし、むずかしいこともありましたが、無事にこうして全員で巡礼を終えることができました。その喜びを心の中にとどめるだけでなく、時にこうして歌で神様に喜びを捧げます。それが私たちにとって、人間にとって、本当にふさわしいことでしょう。昨日サンティアゴのガイドさんが「五人のスペイン人は五百人の日本人よりもうるさい」と言っていたように、比較的喜びも苦しみもじっと耐えるというのが、私たち日本人の国民性かもしれませんが、そういう中で、典礼の中で喜びを歌うということは素晴らしいことです。

福音書では少し厳しい言葉が読まれました。貪欲になるな、というイエス様のたとえ話です。私たちの人生はいつ終わるか分かりません。ここで語られる人の考え方は、私たちのするべき考え方ではありません。途中までは良かった。私たちも途中までは計算をするべきなのです。作物がたくさん採れたのだから、「倉を壊して、もっと大きいのを建て、そこに穀物や財産をみなしまい、こう自分に言ってやるのだ」（ルカ十二・十八-十九）。ここまでは当然なことです。余ったら捨てるとかではなくて、ためる、しっかりと計画を立てる……。しかし、その後このたとえの中の人は、自分のためだけにそれを使おうとし、自分だけが休もうとした。それはやはりとがめられることでしょう。

私たちは巡礼の道のりを、先週の月曜日から土曜日まで毎日歩いたわけですが、どれだけの人にいろいろなことをしていただいたでしょうか。ちょっと声を掛けていただくとか、荷物を少し見てもらうとか、持ってもらうとか、何かを分けてもらうとか、ちょっとしたことかもしれませんけれども、数えきれないほどの素晴らしい助けを受けてきました。では、それと比べて、私たちができたことが同じぐらいの量なのかと問われると、もちろん両方の手で数えていたわけではないので、正確には分からないですけれども、どちらかというとやはり私たちはまだまだできていないように思います。

司教になって、半ば冗談でよく申し上げるのが、「どうか私のためにお祈りください、私のために祈った人には、私がその祈りの倍返しをするように神様に頼みました」ということです。そう言うだけでなくて、私も皆さんのためにお祈りをするようにしています。私たちも、受けた良いことの倍、あるいは三倍、四倍を返していく、そのためにこそ何かをいただいていることを忘れてはならないでしょう。巡礼に行った恵みを、どうやってこれから私たちが私たちの周りの人に分かち合っていくのかが、やはり問われると思います。

昨日、サンティアゴでミサが終わり、聖ヤコブのご像にハグをしたいと香部屋の人に言ったら、すぐにいろいろと手配をしてくれて、警備員が飛んできて、柵を開けて私を優先的に通してくれました。そんなことはしない方が良いのかもしれません。でも私は、あえて言うならば、そのように司教だからといっていろいろなことをしてくださるのを、甘んじて受けるようにしています。それは、そうしてもらうことで私自身が、個人的な中身は別にしても、そういう立場であることを忘れないようにするためです。それだけ優先的にいろいろなことをしていただいた者なのだから、いろいろなことを頼まれるときに、それを受け入れる思いを強めるために、いろいろなことをしっかりと感謝して受け止めるようにしています。

サンティアゴへの巡礼路を私たち皆が歩いたというのは、証明書があるのですから、誇らしいことであって、誇って良いことです。けれども、その誇りを他の人たちのために使う、そういう者で共にありたいと思います。そのために、いろいろな形でまた励まし合いながら、私たちの道を進んでいきましょう。

115km記録付巡礼証明書

Omnes dies et noctes quasi sub una sollempnitate continuato gaudio ad Domini et apostoli decus ibi excoluntur. Valve eiusdem basilice minime clauduntur die noctuque, et nullatenus nox in ea fas est haberi atra (cf. Ap 21,25) quia candelarum et cereorum splendida luce ut meridies fulget". (Códice Calixtino)

El Cabildo de la Santa Apostólica Metropolitana Catedral de Santiago de Compostela sita en la región occidental de las Españas, a todos los que vieren esta carta de certificación de visita hace saber que:

Paulus Toshihiro Sakai

ha visitado la Basílica donde desde tiempo inmemorial los cristianos veneran el cuerpo del Beato Apóstol Santiago.

Con tal ocasión, el Cabildo llevado del deber de caridad al tiempo que con gozo le dan al peregrino el saludo del Señor y piden -por intercesión del Apóstol- que el Padre se digne concederle las riquezas espirituales de la peregrinación así como los bienes materiales. Bendígalo Santiago y sea bendito.

Dada en Compostela, Meta del Camino de Santiago el día 21 del mes octubre del año 2023

Despues de realizar 115 Kms. Desde Sarria
donde comenzó el 1 de enero del 1970 por la ruta del Camino Francés

José Fernández Lago
Decanus S.A.M.E. Cathedralis Compostellanae

＊帰国の途に就く時には、住み慣れた場所に帰るのだという安心感とともに、やるべきことが山積みの毎日に戻らなければならないという現実と向き合う時間です。二週間前までは顔も名前も知らなかった人たちが、一生の思い出に残る旅を共有した大切な友となりました。無事に全員で（足を引きずっていた方もおられましたが…）関西空港に到着し、共に感謝の祈りを捧げ、お二人の添乗員に感謝の粗品を差し上げ、ロビーで最後の集合写真を撮って、名残を惜しみつつのお別れとなりました。

巡礼、二つ

安松順子　東大阪市（枚岡教会）

二日半の観光を終えていよいよ明日から徒歩巡礼が始まるという日、バスはサリアに向かって走っていた。雨粒の当たる車窓に巡礼者の姿をとらえた。大きなリュックを背に全身はポンチョにおおわれて、みな一様に前かがみになって歩いている。その姿に熱くこみあげてくるものがあった。

七年前の五月、季節はずれの雪のピレネー越えの後、障害のある左足にその先の徒歩を阻まれると、パンプローナで十日間の足止めを余儀なくされ、ついえた巡礼。無謀ながら高揚と愉快に満ちていた一方で、心の中の空洞のようなものを見過ごすことはなかった。なぜこれほどまでに歩きたいのか、歩くことを欲するのか、と問い続けてきた。

車内では巡礼者のために、また巡礼路を歩きたいと思っているたくさんの人々への祈りが捧げられていた。牧者のていねいな先唱に導かれて祈っていくとき、すべてのことに注がれるまなざしと祝福があることを知った。こうして二度目の巡礼は始まった。

そして今。巡礼路のあちらこちらの風景は生活の中に散

りばめられてあり、その折々の光、風、音、匂いを伴ってよみがえってくる。サンチャゴ大聖堂に鳴り響いていたパイプオルガンの演奏に包まれたときの恍惚と、心の静けさ。それらを秘めて、また歩き始めている。

あとがき

この旅に出かけることが決まったときの心境は、「六日間、百十五キロメートルを歩ききることができるのだろうか」という不安でした。これまで、フルマラソンは何度か走ったことがあるし、一泊や二泊程度の山歩きの経験はあるものの、毎日十五キロメートルから二十キロメートルを六日間続けて歩くというのはまったく未知の世界。持病と呼べるほどのものは幸いないが、二年前に間質性肺炎で一カ月近く入院したことを契機に、一応基礎疾患を抱える身となり、好きだったジョギングもあきらめてウォーキングだけを続けている六十半ばの中年おじさんには、ちょっと無理ではないか…と感じていたのも確かです。その不安は、今回の参加者の皆さんにとっても同じのようだったので、事前に三回の練習会をしました。この練習会は、文字通り練習になっただけでなく、参加者同士が知り合う機会になり、「どんな靴が良いのか」「何が必需品か」「どこで買うのか」などの情報交換の場にもなりました。何より、「みんなで歩けば何とかなる」という感触を得たことは大きな収穫でした。いざとなったらバスに乗ったらいい…という保証があったのも心理的にはとても助かりました。とはいえ、出国日が近づくにつれて、徒歩巡礼中の週間天気予報をチェックするたびに、全日程に傘マークがついているのにため息の毎日でした。

旅の記憶は、この文集の中の私の説教やエッセイ、参加者の皆さんの感想文で十分に伝わることと思います。最後に、私自身が感じたことを述べておきます。

司教の仕事というのは、何よりも自分に任された教区の信者の皆さんのために働くことです。昨年十月に大阪高松教区が発足してからは、約五万人の信者さんのお世話を、教区大司教である前田枢機卿様と共に果たす毎日です。さらに、広い意味では、教区が占める大阪・兵庫・和歌山・香川・徳島・愛媛・高知の七府県に住む約千九百万人のための役割でもあります。とはいえ、その一人ひとりと向き合うことは不可能であることも確か。そのような中で私自身が心がけている点は、「今、目の前にいる人と全力で関わる」ということです。もちろん、そう心がけていても、自分の肉体的・精神的・霊的な弱さゆえに、目の前にいるたった一人のためにも十分にできないことの方が多いのは事実ですし、何とかそうできたと私が思っていても相手にとってはそうでないこともあるでしょう。そんな現実を受け入れつつも、一生懸命働くまでです。今回の巡礼旅行でも、参加者一人ひとりが旅を十分に味わうことができるように、添乗員やガイドさんやドライバーさんが気持ちよく仕事ができるように、また可能な限り毎日一人ひとりと言葉を交わすように、…と努力しました。そうすることによって、その一人ひとりから私自身がたくさんの知識や経験や実りを分けていただけました。このことがこの旅の一番の収穫かもしれません。これに味を占めて、これからもそう振る舞いたいと思っています。

私がこの巡礼で得たもののいくつかは、すでに説教で触れています。「イエス様がなぜその時代を選ばれたのかを考えると、おそらくどこに行くにも歩いて行かないといけない、つまり普通は誰かと行かないといけない、誰かと出会う、誰かと話をしながら歩く。便利な時代で

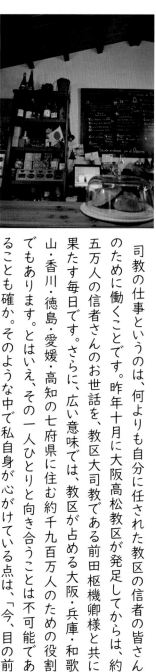

はなくて、そんな時代を神様は選ばれたのかもしれません。そういうことを、これから私たちが大事にしていこうと、しっかり心にとどめるための巡礼かもしれません」（十月二十日説教）。何を得るにも、スマホを通してではなく、直接話しかけて手に入れなければならないことに、本来の人と人とのつながりがあることに気づかされました。また、サンティアゴ・デ・コンポステーラへの巡礼は、かつては到達した人たちは同じ道を通って故郷に帰りましたが、今はほぼすべての人たちが飛行機や電車やバスで帰路につきます。つまり、巡礼路は一方通行。それに人生の歩みを重ねて考えることができます。追い抜く人、追い抜かれる人が「ブエンカミーノ」と笑顔で挨拶をするように、私たちも自分の人生の途上で出会う人たちと接するべきだと、改めて思いました。サンティアゴ巡礼の道は、リピーターが多いことでも知られています。実際、これが二度目、三度目という巡礼者にも出会いました。それは、二度と引き返すことができない人生をできることなら心を改めてやり直したい…という願いを表しているのかもしれません。かく言う私もまた、再び歩く機会に恵まれればと強く思い、ウォーキングに精を出す毎日です。

最後になりましたが、共に歩いた皆さん、お世話になった旅行社やガイドさんや運転手さん、出会ったすべての人たちに心から感謝いたします。

「わたしたちの本国は天にあります」（フィリピ三・二十）。その国に向かう旅を共に歩んでまいりましょう。

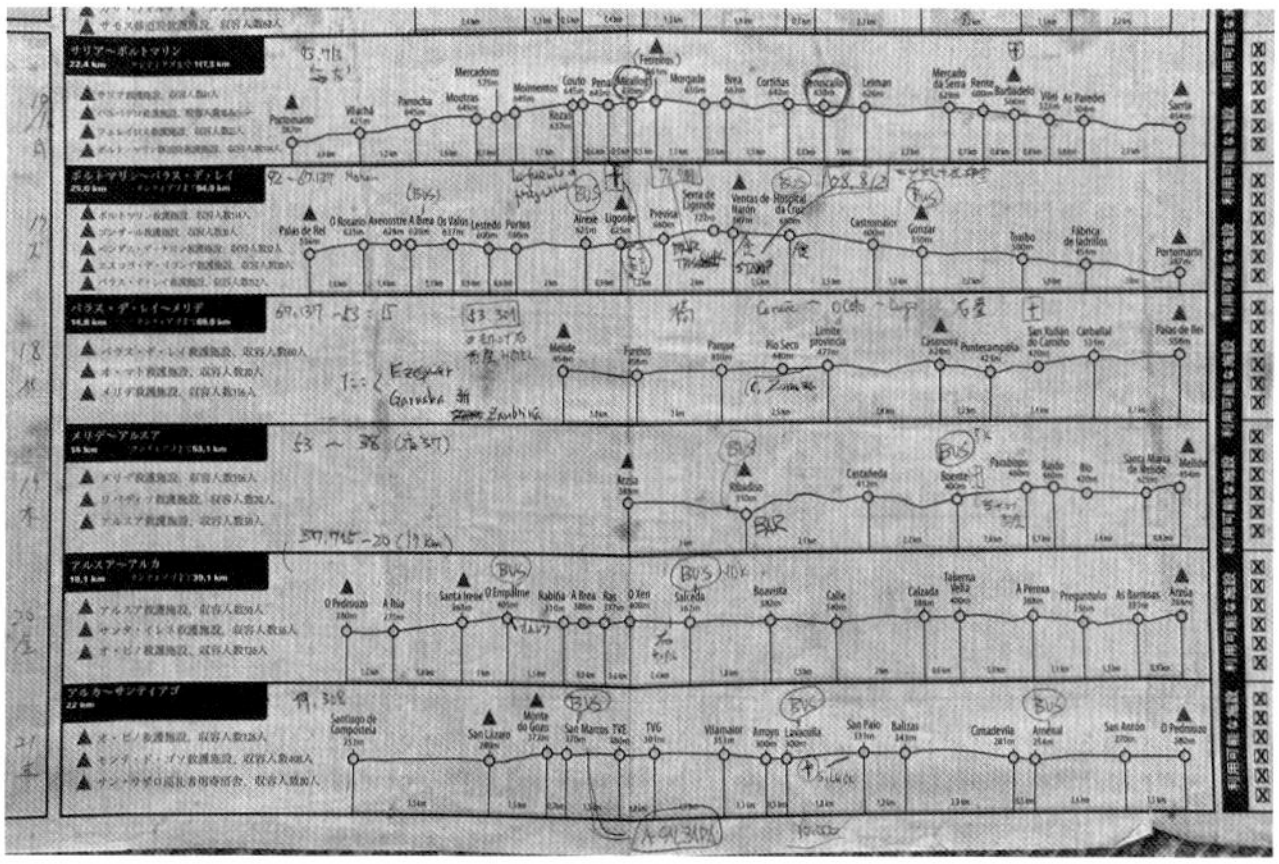

サリアからサンティアゴ・デ・コンポステーラ（上から下、右から左）への巡礼順路図。毎朝のブリーフィングを赤字でメモ。

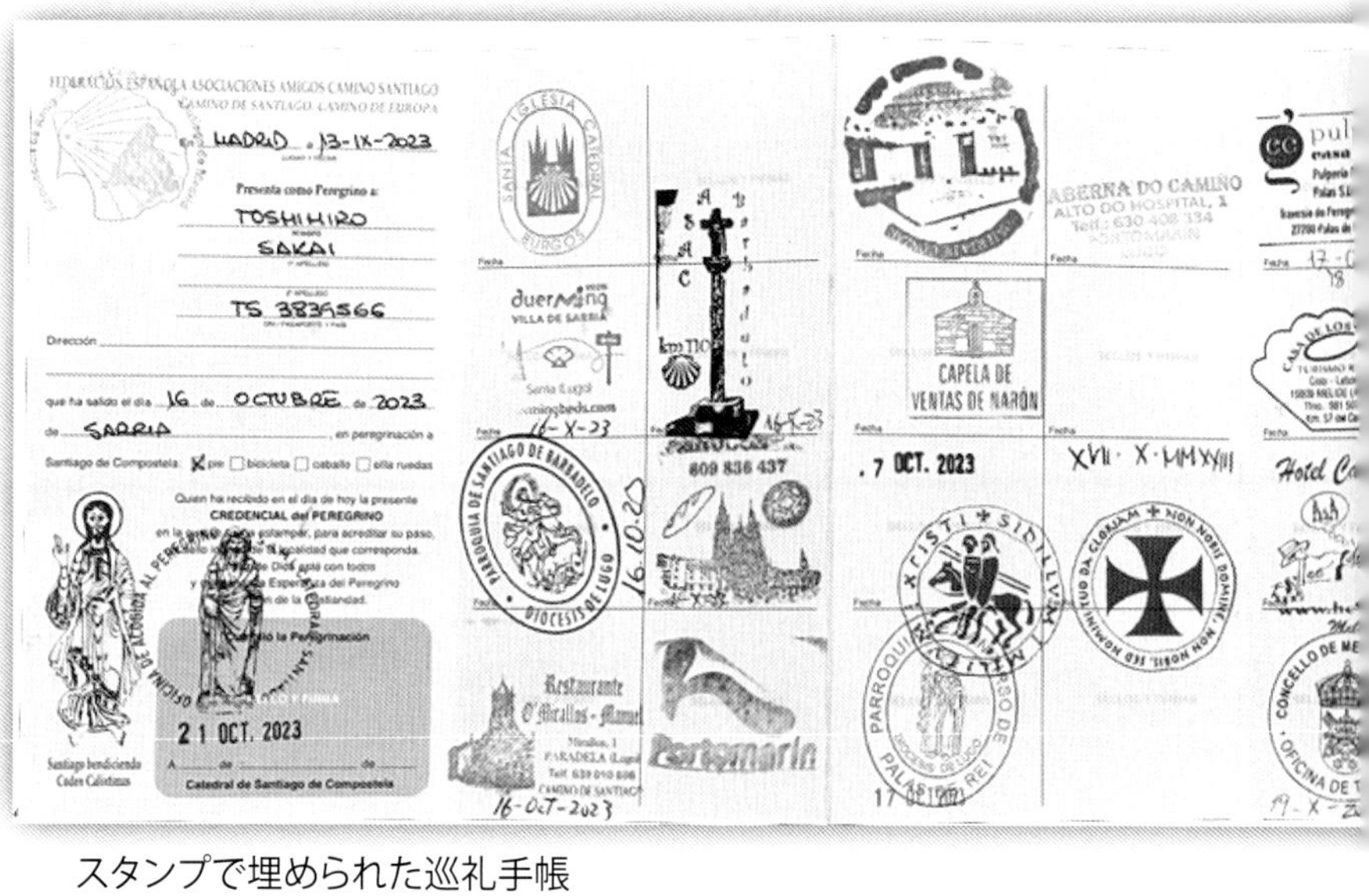

スタンプで埋められた巡礼手帳

De Japón a Santiago
日本からサンティアゴへ
Asociación de Amigos de los Caminos de Santiago de Madrid
Premio Elías Valiña 2018